長江學術文献大系

国学卷

屈守元学术文选

卷一

读书指导 经学常谈

屈守元 著

上海图書館
上海科学技术文献出版社

图书在版编目(CIP)数据

屈守元学术文选·卷一 / 屈守元著. ——上海:上海科学技术文献出版社，2019

(长江学术文献大系·国学卷)

ISBN 978-7-5439-7828-7

Ⅰ.①屈… Ⅱ.①屈… Ⅲ.①古籍-读书方法②经学-研究 Ⅳ.①G256.1②Z126.27

中国版本图书馆 CIP 数据核字(2019)第 019242 号

选题策划:张　树
责任编辑:李　莺

屈守元学术文选·卷一

QUSHOUYUAN XUESHU WENXUAN JUANYI

屈守元著

*

上海科学技术文献出版社出版发行

(上海市长乐路 746 号　邮政编码 200040)

全 国 新 华 书 店 经 销

四川省南方印务有限公司印刷

*

开本　710mm×1000mm　1/16　印张 20.25　字数 400 千

2019 年 3 月第 1 版　　2019 年 3 月第 1 次印刷

ISBN 978-7-5439-7828-7

定价:69.00

http:// www.sstlp.com

出版说明

《屈守元学术文选》（卷一）收录了屈守元先生的两部重要学术著作——《读书指导》和《经学常谈》。其实和先生那些更为重要、更有价值的学术力作《中国文学简史》《韩诗外传笺疏》《〈昭明文选〉杂述及选讲》《〈文选〉导读》以及由他任主编的《韩愈全集校注》《中国文学大辞典·宋辽金卷》等相比，这两部著作，只是先生为当年成华大学中文系学生和喜爱和学习传统文化的青年所写的门径之文。虽然用先生自己的话来说，是『老生常谈，所以力求简易，没有什么高深的理论，也不提出什么奥妙的问题』，但对于学习传统文化的人来说，却具有拨云见日、正本清源的作用，这也是把这两部书放在先生文选第一卷出版的初衷。

《读书指导》是先生当年执教于成华大学时为中文系学生所写的入门教材。在就读先生的研究生时，先生曾经给我看过，他当时并没有把它作为研究生的教材，而是对我说：『将留以教小同（小同是先生幼子屈敬慈师弟之子）。』

《读书指导》分内篇十二和外篇十四，共计二十六篇。『大抵采先正之言，略隐括以就条例。』（《读书指导目录序》）《内篇·总说第一》以『释读书名义』『诵读』『泛览』『抄书』总论读书大义，明精读与泛览的关系，知动手抄书对读书的重要作用。而《立志第二》以『读书应有之基本态度』，分『专笃』『虚静』『勉奋』『平实』『沉潜』『条理』『探索门径』『立定课程』与《师友第三》之『师友』『尚友古人』诸条，说明读书应有的态度与最基本的方法，对初入门者极有指导作用。从《内篇·句读第四》到《外篇·戒妄第二十六》，则讲解学习传统文化当读之书、当明之理、当懂之法、当戒之妄，明白了这些，才算找到了读书的门径。先生说：『窃谓读书学问，贵在遵道得路，有不可不急之务，亦有不能不读之书，锁钥未启，则何能窥美于室家；根柢未深，又不当穷饰其枝叶。其归亦实事求是，泽古淑身而已。岂在乎以怪妄駴童蒙，以艰深文浅陋，以哗众取声名，以曲学媚权要，斯以为得计哉。』《读书指导目录〈序〉》这几句话至为重要，既讲明了读书学问的目的与方法，又针砭了从古至今以读书为幌子，曲说阿道，以取声名利益的弊端。

今天，以习近平总书记为核心的党中央提出要实现中国梦，学习和继承传统文化被重新提到一个空前的高度，引起了全社会的积极反响。但是，我们也看到了一些以《三字经》《弟子规》《声律启蒙》等蒙学著作代替传统文化精粹的做法，好一点的，不过加上《说文部首》《古文观止》等。先生在半个多世纪以前就指出：『若乃持古人训蒙劝学之书，凌虚画局，自号通人，充其所业，不出乎《经籍纂诂》《书目答问》以外，此又戴东原氏所为误认轿夫为轿中人者。』面对今天的国学热，是很值得我们深思的。

中华传统文化博大精深，留传下来的典籍也浩如烟海。晋代荀勖《中经簿》以甲部录经书（包括儒家的『六艺』），乙部录子书（包括先秦儒家以外的诸子、兵书、术数、文技），丙部录史书，丁部录诗赋。已初具四部雏形。至《隋书·经籍志》正式分经、史、子、集四部，并一直沿用下来。对如此浩瀚的书籍，初学者应该从何处入门呢？

按照传统的说法，应该是首先读经。

在几千年的中华文明中，虽然先秦的儒、道、法、墨，甚至兵、农、阴阳等诸家学说都产生了重大的影响，但其中影响最大、最深入人心、更具有积极向上精神的，还是儒家学说。作为中国传统文化的基石，儒家经典中蕴含着许多具有正确意义的普世思想，如果我们赋予它一些新的内涵，儒家所主张的仁、义、礼、智、信、勇、孝、悌、忠、恕、廉、耻等思想在今天仍然是有现实意义的。所以要学习中国传统文化，先学一点经学常识是非常必要的。『穷经为读书根本。』这是当年雍正皇帝的口谕（见《清史稿·儒林传》），先生在《经学常谈》中也说：『研究传统文化，学习古代文学、古文献学、古代文化史，有个前提，就是要了解点经学，打好基础。』

对于这个认识，大概大家都不会有什么异议。剩下的问题就是，应该如何去读经。

经部的内容，我们通常所说的即『四书』『五经』。『四书』是宋儒搞出来的东西，即把《礼记》中的《大学》和《中庸》两篇独立出来，加上《论语》和《孟子》，合为『四书』。『五经』是从孔子教学生的『六艺』而来，即《诗》（诗经）、《书》（尚书）、《礼》（周礼）、《易》（周易）、《乐》（乐经）、《春秋》，因《乐经》失传，剩下的五部著作合称《五经》。后人把《礼》又分为《周礼》《仪礼》《礼记》；《春秋》又演为《左传》《公羊传》《谷梁传》，加上《论语》《孟子》《尔雅》《孝经》，合为『十三经』。《经学常谈》的第二部分《分论》，即对这些经书详加解说，讲明其特征，对初学者极有用处。

《通说》部分，讲的是经学的一般常识。虽说是常识，对现在的年轻人来说，恐怕也要下些功夫才能真正读懂的。

《经话》是很有趣的部分。古人说经，大多是板着面孔的高头讲章，近代今文经学大师廖季平曾仿『诗话』『词话』『曲话』这种短小精悍、不必有严格逻辑联系的论诗论词的形式而作『经话』。先生仿此作《经话新编》，他在《小序》中说：『用《经话》这种形式说经，灵动活跃，颇不沉闷，我认为很符合深入浅出的学术著述写作原则。』《经话新编》一共二十七条，就是『深入浅出』『灵动活跃』，读来『颇不沉闷』的文章。先生的这部《经学常谈》写于2001年前后，其时，读经之风还没有今天这么盛，也没有今天这么乱。先生的本意，不过是在讲解一点有关经学的常识，为后学指示一点读经和研究经学的方法，他在《自序》中说：『这本小册子用常谈谈经，目的是在讲点经学的基础常识，让我国青少年像中国人「应该的」那样去了解点经学。』在大力提倡学习和继承优秀传统文化的今天，这两部著作的出版发行，对大家了解和学习传统文化是大有裨益的。

先生亲书《读书指导》稿本极为珍贵，为保原貌，全本影印，后面的《经学常谈》依例只能竖排，但为便读者，全书目录、书眉及《经学常谈》文字不用繁体，特此说明。

弟子：黎孟德　施维

二〇一八年五月九日

目录

读书指导

读书指导目录序 …… 003
内篇
总说第一 内篇一 …… 009
立志第二 内篇二 …… 017
师友第三 内篇三 …… 029
句读第四 内篇四 …… 031
音训第五 内篇五 …… 039
体式第六 内篇六 …… 045
真伪第七 内篇七 …… 065

旧注第八　内篇八……067
校仇第九　内篇九……073
元本第十　内篇十……081
博约第十一　内篇十一……087
部略第十二　内篇十二……089

外篇

宗经第十三　外篇一……097
注疏第十四　外篇二……105
释文第十五　外篇三……113
清儒第十六　外篇四……117
考史第十七　外篇五……125
正史第十八　外篇六……133
通鑑第十九　外篇七……139

表志第二十　外篇八……147
诸子第二十一　外篇九……155
理学第二十二　外篇十……161
说部第二十三　外篇十一……165
文学第二十四　外篇十二……169
崇实第二十五　外篇十三……179
戒妄第二十六　外篇十四……183

经学常谈

自序……189
引言……191
什么是经学……191

目录

古代经学概况 …… 193
为什么要了解点经学 …… 195

分论 …… 202

易 …… 202
书 …… 205
诗 …… 208
礼 …… 213
春秋 …… 223
孝经 …… 232
论语 …… 233
尔雅 …… 234
孟子 …… 236

附论纬书……237

通说……241

经的数目……241
经的传刻……242
经学流派……245
经与文学……247

经话新编……249

小序……249
庄子论儒经……249
经学是汉初儒生禄利之路……251
曲学阿世是经学的邪路……253

群经次第……257
《周易》难学……258
学《易》宜走王弼讲哲理的路子……260
汲冢《易》……261
汲冢《周书》……262
《韩诗外传笺疏》凡例……263
孙诒让《周礼政要》……267
黄以周论《礼经》及两戴《记》……268
《大戴记》的被重视……273
廖平对今古经学多持平之论……275
俞正燮《春秋左传书式考》……277
文集中有经学……278

汉人都读《孝经》…… 279
半部《论语》治天下…… 280
朱熹谈《论语》《孟子》…… 281
汪中《大学平议》…… 283
《尔雅》重农…… 285
王昶跋《礼器碑》谈谶纬…… 286
章炳麟《新定助词辨》…… 292
王国维论《诗》《书》成语…… 293
滥用经文假借之例…… 298
孔子集大成…… 300
廖平谈蜀学…… 302
陈寿祺谈《经郛》…… 303

讀書指導

內外篇

李植署檢

堅多節齋豪本戊子季夏寫定

讀書指導目録序

總説第一 内篇一
立志第二 内篇二
師友第三 内篇三
句讀第四 内篇四
音訓第五 内篇五
體式第六 内篇六
真僞第七 内篇七
舊注第八 内篇八
校讎第九 内篇九
元本第十 内篇十

博約第十一　內篇十一
部略第十二　內篇十二
宗經第十三　外篇一
注疏第十四　外篇二
釋文第十五　外篇三
清儒第十六　外篇四
考史第十七　外篇五
正史第十八　外篇六
通鑑第十九　外篇七
表志第二十　外篇八
諸子第二十一　外篇九

理學第二十二　外篇十
說部第二十三　外篇十一
文學第二十四　外篇十二
崇實第二十五　外篇十三
戒妄第二十六　外篇十四

右讀書指導二十六篇。所寫以教戒華大學諸生者。大氐采摭先正之言。特贅所箸亦間取一二略隱槩以就條例。諸引昔人之言或稱人名或稱其所箸書名雖文埶所便初無定規大氐稱人名者即注書名於文末其官修及習見之書則但舉書名而已凡內篇十二。自循名持志博綜貫穿之術。汪灩羣典。皆說津涯。外篇十四。即就甲乙部居。分疏要義。粗為導啟。蓋先正所言。或陳奧義以尊所聞。或設常談以訓蒙幼。詳略參差。淺深非一。初不為今日之學生計。是則因勢導利。觸類反隅。端在夫好學深思者之量材節適。此輯有不能盡者矣。所采昔人之言大端則是其細節所當補正者多矣既以無闗宏旨遂不敢用私智亂古說扶微救弊何止一塗教者學者因時制宜可耳大學中國文學系之課程之設讀書指導。蓋始於甲申之秋。觀教育部之所指說。講貫範圍。既云總雜。教育部謂此科包括分類編號長歷疑年之屬頗有非初學之所急者。時賢討論。亦復紛紜。坊間近出國文月刊內有討論此科界義及教法者多不中肯綮竊謂讀書學問。貴在遵道得路。有不可不急之務。亦有不能不讀之書。鎖鑰未啟。則何能窺美於室家。根柢未深。又不當窮飾其枝葉。要其歸亦實事求是。擇古淑身而已。豈在夫以怪妄駴童蒙。以艱深文淺陋。以譁眾取聲名。以曲學媚權要。斯以為得計哉。故曰。
辟儒之患。亂政之原。非所望於後生者也。若乃持古人
訓蒙勸學之書。淺慮畫局。自號通人。究其所業。不出乎
經籍纂詁書目答問以外。此又戴東原氏所謂誤認轎
夫為轎中人者。教育部設此科之意。諒不在此。纂述者
之所用心。尤異夫是矣。戊子季夏華陽屈爰良守元甫
記。

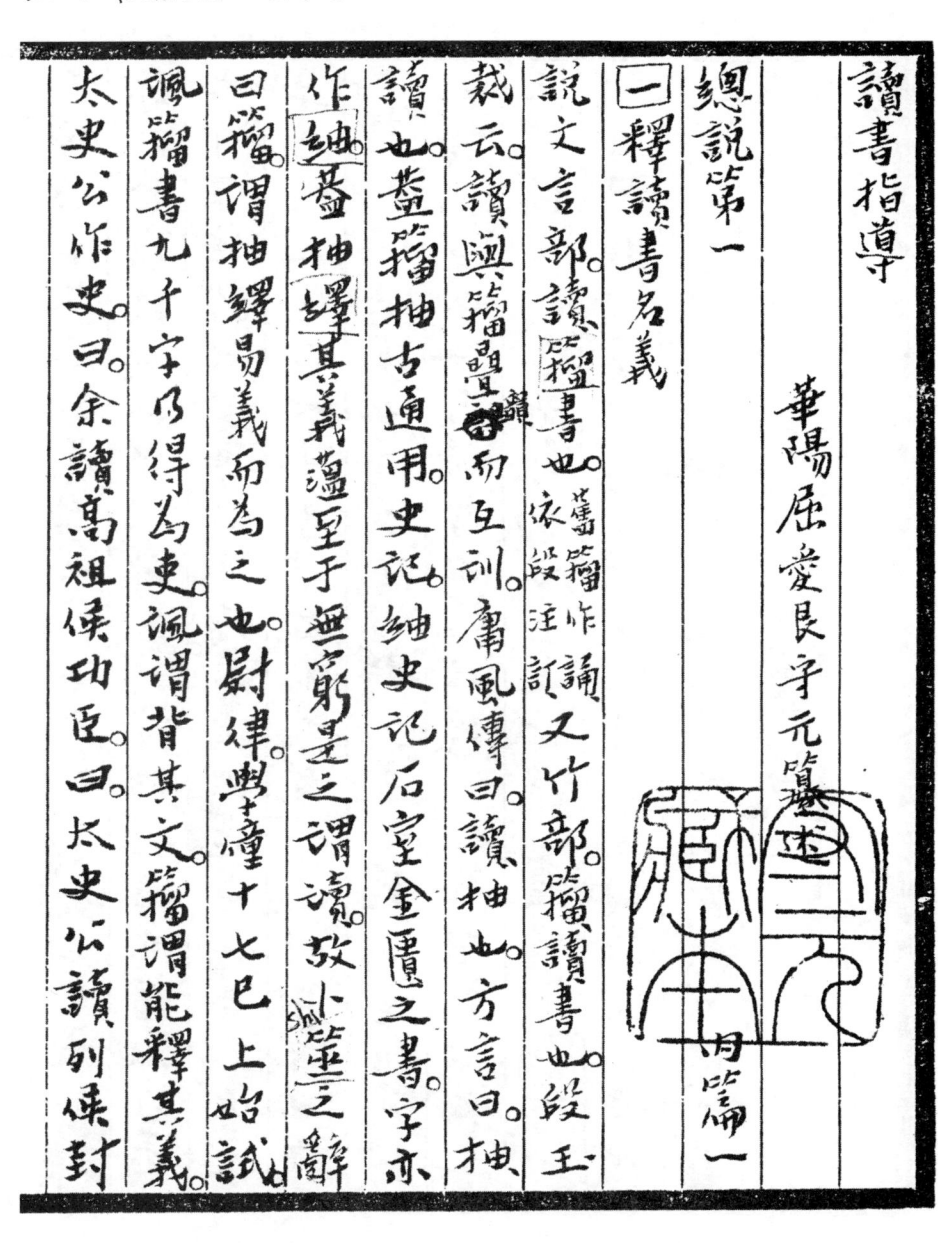

讀書指導

華陽屈爰良守元纂述

總說第一　内篇一

一　釋讀書名義

說文言部：讀，籀書也。（舊籀作誦，依段注訂）又竹部：籀，讀書也。段玉裁云：讀與籀疊韻而互訓。庸風傳曰：讀，抽也。方言曰：抽，讀也。蓋籀抽古通用。史記：紬史記石室金匱之書。字亦作紬。蓋抽繹其義蘊至于無窮，是之謂讀。故卜筮之辭曰籀，謂抽繹易義而為之也。尉律：學僮十七已上始試，諷籀書九千字乃得為吏。諷謂背其文，籀謂能繹其義。太史公作史，曰：余讀高祖侯功臣。曰：太史公讀列侯封至便候。曰。太史讀秦楚之際。曰。余讀諜記。曰。太史公讀春秋歷譜諜。曰。太史公讀秦記。皆謂紬繹其事以作表也。漢儒注經。斷其章句為讀。如儀禮注。舊讀合大夫之妾為君之庶子女子子嫁者未嫁者。是也。擬其音曰讀。凡讀如讀若是也。易其字以釋其義曰讀。凡言讀為讀曰當為是也。人所誦習曰讀。如禮記注云。周田觀文王之德。博士讀為厥亂勸寧王之德。是也。諷誦亦為讀。如禮言讀賵讀書。左傳公讀其書。皆是也。諷誦亦可云讀。而讀之義不止於諷誦。諷誦乃得其文辭。讀乃得其義蘊。自以誦書毆籀書。而讀書者尟矣。

三 誦讀

魏志王朗傳注引魏略云。董遇字季直。人有從學者。遇
不肯教。而云必當先讀百徧。言讀書百徧。而義自見。
呂氏家塾記。溫公嘗言。書不可不成誦。或在馬上。或中
夜不寢時。詠其文。思其義。所得多矣。
朱子云。凡讀書須整頓几案。令潔淨端正。將書冊整齊
頓放。正身體。對書冊。詳緩看字。子細分明讀之。須要讀
得字字響亮。不可誤一字。不可少一字。不可多一字。不
可倒一字。不可牽強暗記。只是要多誦徧數。自然上口。
久遠不忘。古人云。讀書千遍。其義自見。謂熟讀則不待
解說。自曉其義也。余嘗謂讀書有三到。謂心到。眼到。口
到。心不在此。則眼看不子細。心眼既不專一。却只漫浪

誦讀。決不能記。記亦不能久也。三到之法。心到最急。心既到矣。口眼豈不到乎。（童蒙須知）

呂祖謙云。凡讀書必務精熟。若或記性遲鈍。則多誦遍數。自然精熟。記得牢固。若是遍數不多。只務強記。今日成誦。來日便忘。其與不曾誦讀何異。（學規類編）

程端蒙云。讀書必正心肅容。以計遍數。遍數已足。而未成誦。必須成誦。遍數未足。雖已成誦。必滿遍數。（程董二先生學則）

三 泛覽

唐彪云。有當讀之書。有當熟讀之書。有當看之書。有當再三細看之書。有必當備以資考查之書。書既有正有間。而正經之中。有精粗高下。有急需不急需之異。故有五等分別也。學者苟不分別當讀者何書。當熟讀者何書。當看者何書。當熟看者何書。則工夫緩急先後俱誤矣。

讀書作文讀

曾國藩論看書與讀書之道云。譬之富家居積。看書則在外貿易。獲利三倍者也。讀書則在家慎守不輕花費者也。譬之兵家戰爭看書則攻城略地。開拓土宇者也。讀書則深溝堅壘。得地能守者也。看書與子夏之日知所亡相近。讀書與月無忘所能相近。家訓上咸豐八年七月二十一日諭紀澤

四 鈔書

南史齊宗室傳。衡陽元王道度子鈞。字宣禮。性好學。善屬文。常手自細書寫五經部為一卷。置于巾箱中。以備遺忘。侍讀賀玠問曰。殿下家自有墳素。復何須蠅頭細書別藏巾箱中。答曰。巾箱中有五經。於檢閱既易。且一更手寫。則永不忘。諸王聞而爭效為巾箱五經。巾箱五經自此始也。

又王曇首傳。曾孫筠。字元禮。一字德柔。其自序云。余少好鈔書。老而彌篤。雖遇見瞥觀。皆即疏記。後重省覽。懽興彌深。習與性成。不覺筆倦。

陳鵠西塘集耆舊續聞卷一云。宋司農載上嘗分教黃岡。時東坡謫居黃。偶一日謁至。典謁已通名。而東坡移時不出。欲留則伺候顏倦。欲去則業已達姓名。如是者久之。東坡始出。愧謝久候之意。且云。適了些日課。失於探知。坐定。他語畢。公請曰。適來先生所謂日課者何。對曰。鈔漢書。公曰。以先生天才。開卷一覽。可終身不忘。何用手鈔耶。東坡曰。不然。某讀漢書至此凡三經手鈔矣。初則一段事鈔三字為題。次則兩字。今則一字。公離席復請曰。不知先生所鈔之書。肯幸教否。東坡乃命老兵就書几上取一冊至。公視之。皆不解其義。東坡曰。足下試舉題一字。公如其言。東坡應聲輒誦數百言。無一字差缺。凡數挑皆然。公降嘆良久。曰。先生真謫仙才也。他日以語其子新仲曰。東坡尚如此。中人之性豈可不勤讀書耶。新仲嘗以是誨其子輅。

立志第二

〔二〕讀書應有之基本態度

①專篤

論語泰伯篇：篤信好學。守死善道。

朱子云。今人只辦得十日讀書。下着頭不與閑事管。取便剔莫說十日。只讀得一日。便有功驗。人若辦得十來年讀書。世間甚書讀不了。（語類十一）

又云。人做工課。若不專一。東看西看。則此心先已散漫了。如何看得道理出。須是看論語專只看論語。看孟子專只看孟子。讀這一章更不看後章。讀這一句更不得看後句。這一字理會未得。更不得看下一字。如此專一而功可成。若所看不一。汎濫無統。雖卒歲窮年。無有透徹之期。某舊時看文字。止是守此拙法。以至於今思之只有此法。更無他法。（語類十一）

又云。有言貧困不得專意學問者。曰。不干事。世間豈有無事底人。但十二時看那箇時閑。一時閑便做一時工夫。一刻閑便做一刻工夫。積累久自然別。（語類百二十九）

② 虛靜

荀子解蔽篇。人何以知道。曰。心。心何以知。曰。虛壹而靜。心未嘗不臧也。然而有所謂虛。心未嘗不兩也。（兩字依楊倞訂）然而有所謂一。心未嘗不動也。然而有所謂靜。人生而有知。知而有志。志也者。臧也。然而有所謂虛。不以所已藏害所將受謂之虛。心生而有知。知而有異。異也者，同時兼知之。同時兼知之，兩也。然而有所謂一。不以夫一害此一謂之壹。心臥則夢，偷則自行。使之則謀。故心未嘗不動也。然而有所謂靜。不以夢劇亂知謂之靜。

③勉奮

輶軒語：立志遠大云。不以一衿而自足，不以能文而自滿。立志希古。不隨流俗。無論學行兩端。常與古人比較。不以今人自寬。是謂遠大。常讀書，常對古人，即是與古人比較法；常看史事，胸襟自然闊大，常覽古人言行，志氣自然增長。案張氏書原有自注，今並照錄，後放此。

又讀書不必畏難云。當讀之書，如以其繁。讀書之道，如以其密。似乎莫殫其究。何暇治身致用耶。是又不然。一經一史、古集一家、詞章一體、經濟一門、專精探討。通鑑古子、觀其大略、知其要[redacted]須、又其次涉獵而已。如此為之不過十年、卓然自立。自茲以往、左右逢源。夫航斷港而求至海、驅北轍而求至越、則難矣。若津渡顯然、定向有在、循途而行、計日而到、何難之有。

又讀書切諉記性不好云。每見今人不好讀書者、輒以此籍口、以欺人也。日記一葉、月記一卷、十年之內、可記百餘卷矣。非不能、實不為耳。朱竹垞有言、世豈有一覽不忘、一字不遺者、但須擇出切要處記之耳。竹垞為本朝第一博雅人、其說如此、以告學者。

又讀書切諉無書無暇云、能購購之、不能借之、隨得隨看。久久自富。若必待插架三萬。然後議讀。終身無此日矣。即使四部駢羅。豈能一日讀盡。何如姑盡所有。再謀其他。更有一蔽。勸人讀書。多謂無暇。不思嬉遊晝寢為暇多矣。一葉數行。偶然觸目。他日遇事。或即恰收其用。自非幼學真讀書者。斷無終日整襟危坐。限定讀書時刻之事也。

④平實

漢書景十三王傳。河間獻王德。修學好古。實事求是。顏師古注云。實事求是。務得事實。每求真是也。

困學紀聞卷八。司馬文正曰。新進後生。口傳耳剽。讀易未識卦爻。已謂十翼非孔子之言。讀禮。未知篇數。已謂周官為戰國之書。讀詩未盡周南召南。已謂毛傳為章句之學。讀春秋未知十二公。已謂三傳可束之高閣。朱文公曰。近日學者。病在好高。論語未問學而時習便說一貫。孟子未言梁惠王問利。便說盡心。易未看六十四卦便讀繫辭。此皆躐等之病。

⑤沈潛

朱子云大抵為學雖有聰明之資。必須做遲頓工夫始得。既是遲頓之資。卻做聰明底樣工夫如何得。語類八

又云。人若於日間閒言語省得一兩句。閒人客省見得一兩人。也濟事。若渾身都在鬧場中。如何讀書。語類百十六

姚鼐云。竊謂學者以潛心玩索。今胸中有浸潤深厚之

味不須急急著述。斯為最善學也。惜抱軒集與陳碩士書

⑥條理

戴震云。理者察之而幾微。必區以別之之名也。是故謂之分理。在物之質。曰肌理。曰腠理。曰文理。得其分則有條而不紊。謂之條理。孟子稱孔子之謂集大成。曰。始條理者。智之事也。終條理者。聖之事也。聖智至孔子而極其盛。不過舉條理以言之而已矣。孟子字義疏證卷一

〔三〕讀書應有之事先豫備

①探索門徑

輶軒語讀書宜有門徑云。汎濫無歸。終身無得。得門而入事半功倍。或經或史。或詞章或經濟。或天算地輿。經治何

經。史治何史。經濟是何條。因類以求。各有專著。至於經注孰為師授之古學。孰為無本之俗學。史傳孰為有法。孰為失體。孰為詳密。孰為疏舛。詞章孰為正宗。孰為旁門。尤宜抉擇分析。方不致誤用聰明。此事宜有師承。然師豈易得。書即師也。今為諸生指一良師。將四庫全書總目提要讀一過。即略知學問門徑矣。析而言之。四庫提要為讀群書之門徑。提要數多、未必人人能置一編、別有四庫簡明目錄、乃將提要約撮而成、書止一帙、大抵初學須先將經史子集四種分清、何書應入何類、於此燎然、則購書讀書皆有頭緒、然簡明目錄太略、書之得失、亦未詳說、且四庫未收者、提要尚列存目於後、簡明目錄無之、不得誤認為世間所無也、略一繙閱、然後可讀提要、漢學師承記為經學之門徑。國朝人著小學考為小學之門徑。說文通檢亦可謂初學繙檢說文之門徑、顧炎武音學五書為韻學之門徑。史通為史學之門徑。國朝齊召南歷代帝王年表為讀史之門徑。古今偽書考為讀諸子之門徑。文心雕龍、鍾嶸詩品、為詩文之門徑。國朝趙執信聲調譜、沈德潛說詩晬語、紀昀瀛奎律髓刊誤、孫梅四六叢話、近人歷代賦話、為初學詩賦四六之門徑。孫過庭書譜、姜堯章續書譜、國朝包世臣所著安吳四種內藝舟雙楫一種、為學書之門徑。

②立定課程

王應麟云。凡作工夫。須立定課程。日日有常。不可間斷。縱使出入及賓客之類。亦須量作少許。風雨不移。辭學指南

王闓運云。學以有恆為貴。又不可疲其神智。當其有得。

自有欲罷不能者。然不可以為程也。宜就所喜。常致力焉。又就其所最不解。日致思焉。十二時中。以六時休息。六時中又令四時優游。以二時則必不可令無功。如此久慣。雖休晦時亦用力時矣。雖仕宦困苦老病。每日必有用心之處。則所謂惜寸陰。王志卷一論讀書課程

③搜求書籍

輶軒語買書四条云。田穀之利。不及什一。商賈之利。止於三倍。典籍之利。淑身興宗。化愚為賢。子孫永保。酌之不竭。一卷之書。有益天下。此其為利。不可勝言。節衣縮食。猶當為之。惟買書須得其門。若無通人可訪。則常過書肆。流觀架上。名近雅馴者。索取繙檢。要籍精本。必時

遇之。即使買而不讀。果於此道篤好。子孫亦必有能讀之者。

師友第三

㈠師友

輶軒語出門求師云。伏處鄉僻。不見勝己。不惟無師抑且無書。見聞何由廣博。志氣何由激發。古人千里負笈。豈得畏難辭勞。若守一先生之言。必致俗陋相承。愈傳愈謬。名師固難。益友不少。果能虛心廣益。友即師也。

㈡尚友古人

孟子萬章下篇。一鄉之善士。斯友一鄉之善士。一國之善士。斯友一國之善士。天下之善士。斯友天下之善士。以友天下之善士為未足。又尚論古之人。頌其詩。讀其書。不知其人可乎。是以論其世也。是尚友也。

張九成云。朋友講明固天下樂事。不幸獨學。則當尚友古人可也。故讀論語如對孔門聖賢。讀孟子如對孟子。讀杜詩蘇文。則凝神靜慮。如目擊二公。如此用心。雖千載之下。可以見千載上人矣。橫浦集

顧炎武云。人之為學。不日進則日退。獨學無友。則孤陋而難成。久處一方。則習染而不自覺。不幸而在窮僻之域。無車馬之資。猶當博學審問。古人與稽。以求其是非之所在。庶幾可得十之五六。若既不出戶。又不讀書。則是面牆之士。雖子羔原憲之賢。終無濟於天下。亭林文集卷四與人書一

句讀第四

一 句讀名義

程氏家塾讀書分年日程卷二有批點經書凡例一篇。引館閣校勘法云。句讀二字。側點為句。中點為讀。凡人名地物名、并長句內小句、並從中點。

毛晃增注禮部韻略云。句讀。凡經成文語絕處謂之句。語未絕而點分之以便誦詠、謂之讀。

武億云。句訓為止。讀作逗。亦訓為止。並言文詞皆有所住。如疏家對文則異散文俱同之例。若以語未絕而點分之謂之讀。此村校書所為。不可為義。經讀考異句讀敘述卷上

又云。案四書釋地云。句亦謂之辭。不以文害辭是也。原注

程子云：舉一字是文，成句是辭。亦謂之章。左傳宣十二年。武王克商。又作武。其卒章曰。是也。原注：詩正義：武惟一章，而左傳曰作武其卒章曰耆定爾功者，言耆定爾功是章之卒句，故也。左傳正義云：頌皆一章，言其卒章者，謂終章之句也。又讀亦謂之投。唐韻正。漢馬融長笛賦。察度於句投。投即讀字。亦謂之度。唐韻正云。唐人多作句度。晉書樂志。巴渝舞曲。其詞既古。莫能曉其句度。元稹樂府古題序。句度短長之數。皇甫湜答李生書。讀書未知句度。亦謂之逗。一切經音義云。句逗。字書。逗。留也。說文。逗。止也。方言。逗。住也。同上

二 點識古書

李匡文資暇集卷上字辨云。稷下有諺曰。學識何如觀點書。書之難。不唯句度義理。兼在知字之正音借音。若

某字以朱發平聲，即為其字。發上聲，變為某字。去入又改為某字，轉平上去入易耳。知合發不發為難。

宋史儒林傳：何基凡所讀，無不加標點，義顯意明，有不待論說而自見者。

顧炎武云：譚舟石勤於讀經，即其書齋插架十三經注疏，手施朱墨，始終無一誤句。我行天下，僅見此人。李富孫鶴徵錄引

陳澧云：學記一年視離經辨志，鄭注云：離經，斷句絕也。原注：即今之點句。辨志，謂別其心意所趣鄉也。澧案：此二者切要之學。近人治經，每有浮躁之病，隨手翻閱，零碎解說，有號為經生而未讀一部注疏者。若限以斷句讀之，則

不能浮躁。不獨有益於讀書。亦有益於治心矣。且浮躁者其志非真欲治經。但欲為世俗所謂名士耳。故志不可不辨也。東塾讀書記卷九

三 古書異讀

焦竑云。學者有讀書終身。不知句讀者。由少年不經師匠。因仍至此。余童子時聞部使者臨學宮講論語。諸生誦點爾何如。至點字作一讀。使者動色嘉歎。蓋人多忽此故耳。嘗觀李彥平讀禮記男女不雜句、坐不同。句、椸枷不同。句、巾櫛不親授。句、程伯淳讀孟子至大至剛以直。句、養而無害。則塞於天地之間。姚寬讀左氏春秋故講事以度軌。句、量謂之軌。取材以章物。句、采謂之物。又

聞晉公子駢脅欲觀。句其躶浴。句薄而觀之。貫補之讀漢書衛青傳。人奴之。句生得無笞罵即足矣。楊用修讀史記高祖與父老約。句法三章耳。皆妙得古人之旨。是正沿承之誤。其他經籍所具。余略條一二。俾學者以類推之。如莊子。涇流之大。兩涘渚崖之間。不辨牛馬。當涇流之大一讀。而林希逸以涇流之大兩涘為句。史記封禪書。八神。一曰天主。祠天齊。二曰地主。祠泰山梁父。觀後天子至梁父禮祠地主之文。則八神名當至主字句絶。而用修允寧皆一曰天二曰地為句。季布傳。身屢典軍搴旗者數矣。九字一句。而索隱身屢典軍為句。匈奴傳。務讇納其說。以便偏指。不參彼已。句絶。而索隱以偏指不參為句。律書。雖妙必致情。句 核其華道者明矣。而用修引之。作情核其華為句。魏豹彭越傳。其雲蒸龍變。欲有所會其度。句絕。言欲遭時行志。與所蘊適相際也。如云此足度内耳。可證。而用修其度以故為句。谷永傳。成帝數為微行。多近幸小臣。句絕。趙李從微賤專寵。皆皇太后與諸舅夙夜所常憂。而用修元美皆讀云小臣趙李從微賤專寵。此類未可悉數。焦氏筆乘續集卷五。

武億經讀考異敘序云。經讀考異八卷。序述二卷。合十卷。又補二卷。綴緝少具倫次。蓄已數歲。不敢一眎於人。自丁未館西霞先生西齋。日課兩生。與之授讀。因檢昔所究心。故讀至某字屬句。世已口習。不復可破。及塾師堅執一讀。不能兼通他讀。或一字而上屬下屬。於文皆可兩從。輒有義證。求其致確。時為兩生言之。後於他方二三從遊。焉亦有所授焉。蓋夫今之君子。宏達周覽。明章雅訓。實於文字形聲詁訓。悉闡其所以。至於離析經讀。亦其為小學之所先事。然尚未聞有成書。因遂自忘其愚妄。有記述。用此以嘆俗流未能離經辨義。而章綴乖隔。紛擾不復成文。然後以曲解傳之。以鑿說錮之。於是展轉浸易。古訓沉沒。為可惜也。昔鮑季詳甚明禮。聽其離文析句。自然大略可解。今余之區區為此。蓋欲學者知所從事。而識厥趣焉。夫亦猶是矣。

又句讀敘述卷上云。陸氏德明曰。漢承秦焚書。口相傳授。一經之學。數家競爽。章句既異。踳駁非一。檃括漢氏諸儒分章析句。各自為業。其於經讀。必由師傳。授受轉多異同。今檢釋文。略存梗槩。或一句離為二三。或二句併作一讀。又或一字上承句末。亦可成文。下屬句首。義亦兩通。皆兼取並采。是其例也。

音訓第五

一 音讀訓詁

輶軒語讀經宜讀正音云。古時九州語言不同。而誦詩讀書。同歸正讀。故太史公曰。言不雅馴。薦紳難言。班孟堅曰。讀應爾雅。古語可知。雅者正也。近世一淆於方音。一誤於俗師。至於句讀離合。文義所繫。尤宜講明。

又云。經傳中語。同此一字。而區分平仄音讀多門。以致韻書數部並收。異同之辨。相去杪忽。此皆六朝時學究不達本原。不詳通變者所為。揆之六書之義。實多難通。故顏氏家訓。已發其端。經典釋文敍錄。頗沿其失。近代通儒糾摘尤備。特初學諷誦。不示區分。將各騁方言無從畫一，且義隨音別，解識為易。律體詩賦一出，更難通融。此乃因時制宜之道。學者博通以後，於音義兩端。窺見本原，自曉通借。先知其分，而後知其合。不可躐等也。

又讀經宜明訓詁。詁者，古言也，謂以今語解古語。此逐字解釋者也。訓者，順也，謂順其語氣解之。此逐句解釋者也。時俗講義何嘗不逐字逐句解釋，但字義多杜撰，語意多影響耳。訓詁有四忌。一望文生義（古書多有一字數義之字，有假借字，有譌脫字，若不加詳考，姑就本文串之，此名望文生義）。一鄉壁虛造（無論實字虛字，解說皆須有本，若以想當然之法行之，則依稀影響，似是而非，此名鄉壁虛造）。一鹵莽滅裂（古事有首尾，古禮自有當時制度，古書自有當時文體，亦有本書義例，若任意武斷，合於此而背於彼，此名鹵莽滅裂一自欺欺人。凡解經若地名須實指何地人名須實指何人器物草木須實指何器物草木、若由胡數衍但以人名地名器物名草木總之解名了之事既不詳理即不確、此名自欺欺人。總之解經要訣。若能以一字解一字。不添虛字而文從字順者。必合。若須添數虛字。補綴斡旋。方能成語者。定非。

（二）詞氣

王引之經傳釋詞序云。語詞之釋。肇于爾雅。粵于為曰。茲斯為此。每有為雖。誰昔為昔。若斯之類。皆約舉一隅以待三隅之反。蓋古今異語。別國方言。類多助語之文。凡其散見於經傳者。皆可比例而知。觸類長之。斯善式古訓者也。自漢以來。說經者宗尚雅訓。凡實義所在。既明著之矣。而語詞之例。略而不究。或即以實義釋之。遂使其文扞格而意亦不明。如由用也。猷道也。而又為詞之於。若皆以用與。道釋之。則尚書之別求聞由古先哲王。大誥猷爾多邦。皆文義不安矣。下略 凡此者其為古之語詞。較然甚箸。揆之本文而協。驗之他卷而通。雖舊說所無。可以心知其意者也。引之自庚戌歲入都。侍大人。質問經義。始取尚書廿八篇紬繹之。而見其詞之發句助句者。昔人以實義釋之。往往詰鞫為病。竊嘗私為之說。而未敢定也。及聞大人論毛詩終風且暴。禮記此若義也諸條。發明意指。渙若冰釋。益復得所遵循。奉為稽式。乃遂引而伸之。以盡其義類。自九經三傳。及周秦西漢之書。凡助語之文。徧為搜討。分字編之。以為經傳釋詞十卷。凡百六十字。

章炳麟王伯申新定助詞辯云。高郵王氏父子。精研故訓。所到冰釋。人以為無閒矣。石臞苦心尋繹。積六十年。得之既不易。言之殊未敢肆。伯申承其父業。與艱難構造者自殊。述聞一編。誠多精諧。然其改易舊說。亦有可已而不已者矣。其始創作經傳釋詞。晚又於述聞中著詩詞誤解以實義一條。驟聆其說。雖宿儒無以自解。而鹵莽滅裂處亦多。肆意造詞。視為習貫。且有舊解非誤。而以强詞奪之者。亦有本非肊造。而不能援古訓比聲音以自證者。今為敫證數事。以盡後生之責。文錄續編卷一

三 疑義

俞樾古書疑義舉例序云。夫周秦兩漢至於今遠矣。執今人尋行數墨之文法。而以讀周秦兩漢之書。譬猶執山野之夫而與言甘泉建章之巨麗也。夫自大小篆而隸書。而真書。自竹簡而縑素。而紙。其為變也屢矣。執今日傳刻之書。而以為是古人之真本。譬猶聞人言筍可食。歸而煮其簀也。嗟夫。此古書疑義所以日滋也歟。竊不自揆。剌取九經諸子。為古書疑義舉例七卷。使童蒙之子。習知其例。有所據依。或亦讀書之一助乎。

體式第六

一 體例

史通序例篇。夫史之有例。猶國之有法。國無法則上下靡定。史無例則是非莫準。

顧炎武云。古人著書。凡例即隨事載之書中。左傳中言凡者。皆凡例也。（日知錄卷二十）

二 書名

章學誠云。古人著書。往往不標篇名。後人校讎。即以首字句名篇。不標書名。後世校讎。即以其人名書。其有一書兩名。先後文質。未能一定。有本名質而著錄從文者。有本名文而著錄從質者。有書本全而為人偏舉者。有書本偏而為人全稱者。學者不可不知也。本名質而著錄從文者。老子本無經名。而書尊道德。莊子本以人名。而書著南華之類是也。原注：漢稱莊子，唐則敕尊南華真經，在開元時。隋志已有南華之目。本名文而著錄從質者。劉安之書。本名鴻烈解。而漢志但著淮南內外。蒯通之書。本名雋永。而漢志但著蒯通。本名之類是也。原注：雋永一十八首，見本傳，與志不符。書名本全而為人偏舉者。呂氏春秋有十二紀八覽六論。而後人或稱呂覽。屈原賦二十五篇。離騷其首篇。而後世竟稱騷賦之類是也。原注：劉向名之楚辭，後世遂為專部。書名本偏而為人全稱者。史記為書策紀載總名。而後人專名太史公書。孫武八十餘篇。有圖有書。而後人即十三篇稱為孫子之類是

也。文史通義繁稱篇。互詳校讎通義辨嫌名篇

〔三〕篇題

顧炎武云。古人作書。於一篇中有分題。則標篇題於首。而列分題於下。如爾雅釋天一篇。下列四時祥災歲陽歲名、月陽、月名、風雨、星名、祭名、講武、旌旂。呂氏春秋孟春紀第一。下列正月紀、本生、重己、貴公、去私是也。疏家謂之題上事。謂標題上文之事。若周公踐阼及詩篇章句。皆篇末題之。故此亦爾。今按禮記文王世子篇。有曰文王之為世子也。有曰教世子。有曰周公踐阼。樂記篇有曰子貢問樂。亦同此例。後人誤連於本文也。又如漢書禮樂志郊祀歌。練時日一。帝臨二。凡十九首。皆著其

名於本章之末。安世房中歌。桂華美芳二題。傳寫之誤。遂以冠後。（日知錄卷二十）

又云。試錄文字之體。首行曰第一場。頂格寫。次行曰四書。下一格。次行題目。又下一格。五經及二三場皆然。至試文則不能再下。仍提起頂格。此題目所以下二格也。（原注須知自古以來書籍文字首行無不頂格寫者）後來學政苟且成風。士子試卷。省卻四書各經字。竟從題目寫起。依大場之式。概下二格。聖經反下。自作反高。於理為不通。然日用而不知。亦已久矣。又其異者。沿此之例。不論古今詩文。概以下二格為題。萬歷以後。坊刻盛行。每題之文。必注其人之名於下。而刻古書者。亦同而化之。如題曰周鄭交質。下二格。其行末書左丘明。題曰伯夷列傳。下二格。其行末書司馬遷。變歷代相傳之古書。以肖時文之面貌。使古人見之。當為絕倒。日知錄卷十六

錢大昕云。古書大題多在下。陸氏經典釋文云。毛詩故大題在下。案馬融盧植鄭玄注禮記並大題在下。班固漢書陳壽三國志亦然。予按唐刻石經皆大題在下。如詩經卷首。周南訓詁傳第一列于上。毛詩兩字列于此行之下。所謂大題在下也。宋元以來刻本皆移大題於上。而古式遂亡。今讀者且不知何語矣。予曾見史記宋大字本。（原注淮南轉運司監雕本）亦大題在下。（十駕齋養新餘錄卷上）

章炳麟云。前世作述。其篇題多無義例。和氏盜跖。以人

名為符號。馬蹏騈拇。以章首為揭櫫。穿鑿者或因緣生義。信無當于本指也。(檢論卷五訂文篇正名雜義)

四 序錄

錢大昕云。古人書目錄皆在篇末。太史公之自序。班孟堅之叙傳。即目錄也。今史漢目錄。出於後人增加。考隋書經籍志。史記一百三十卷之下注云。目錄一卷。則史記之有目錄。隋時已然。(十駕齋養新餘錄卷中)

段玉裁云。史記漢書法言太玄叙皆殿於末。古著書之例如此。(說文解字敘注)

章炳麟云。御覽引劉氏書。或云劉向別傳。或云七略別傳。今觀諸子叙錄。皆撮舉爵里事狀。其體與老莊孟荀儒林諸傳相類。蓋淮南王安為離騷傳。太史公嘗舉其文以傳屈原。在古有徵。而輓近為學業者。往往效之。兼得稱傳有以也。（檢論徵 七略）

五 卷冊

章學誠云。易曰。艮其輔。言有序。詩曰。出言有章。古人之於言。求其有章有序而已矣。著之於書。則有簡策標其起訖。是曰篇章。左氏引詩。舉其篇名。而次第引之。則曰某章云云。是篇為大成。而章為分闋之證也。向歆著錄多以篇卷為計。大約篇從竹簡。卷從縑素。因物定名。無他義也。而縑素為書。後於竹簡。故周秦稱篇。入漢始有卷也。第彼時竹素並行。而名篇必有起訖。卷無起訖之稱。往往因篇以為之卷。故漢志所著幾篇。即為後世幾卷。其大較也。然詩經為篇三百。而為卷不過二十八。卷少篇多。則又知彼時書入縑素。亦稱為篇。篇之為名。專主文義起訖。而卷則繫乎縑帛短長。故異篇可以同卷。而分卷不聞用以標起訖。而班氏五行之志。元后之傳。篇長卷短。則分子卷。是篇不可易。而卷可分合也。嗣是以後。訖於隋唐。書之計卷者多。計篇者少。著述諸家。所謂一卷。往往即古人之所為一篇。則事隨時變。人亦出於不自知也。至於其間名小異而實不異者。道書稱弓。即卷之別名也。元人說郛用之。蒯通雋永稱首。則章之別名也。梁人文選用之。此則標新著異。名實故無傷也。

唐宋以來。卷軸之書。又變而為紙冊。古人卷從捲軸。勢自不能過長。後人紙冊為書。不過存卷之名。則隨其意之所至。不難鉅冊載也。以紙冊而存縑素之名。亦猶漢人以縑素而存竹簡為篇之名。理本同也。然篇既用以計文之起訖矣。是終古不可改易。雖謂不從竹簡起義可也。卷則限於軸之長短。而並無一定起訖之例。今既不用縑素。而用紙冊。自當量紙冊之能勝而為之界。其好古而標卷為名。從質而標冊為名。自無不可。不當又取卷數與冊本故作參差。使人因卷尋篇。又復使人挾冊求卷。徒滋擾也。原注古人已成之書自不宜彊改。○文史通義篇卷篇。

葉德輝云。卷子因於竹帛之帛。竹謂簡。帛謂紙也。帛之為書便於舒卷。故一書謂之幾卷。凡古書以一篇作一卷。如六經漢人注本皆小題在上。大題在下。果爲通連。則當大題在上。小題在下矣。卷之心必轉以圓輥。兩頭稍長。出於卷餘此如車軸然。故一書又謂之幾軸。書林清話卷一

書之稱卷

又云。書之稱本。必有所因。說文解字云。木下曰本。而今人稱書之下邊曰書根。乃知本者因根而計數之詞。同上

書之稱本

又云。今俗稱書一紙爲一頁。其字又作葉。自有書本。卽有此名。蓋當作葉。說文木部。葉，薄也。古者簡牘之式。或用竹。或用木。竹以一簡爲一葉。木以一版爲一葉。說文

竹部。䈎，籥也。籥，書僮竹笘也。此以竹簡从䈎之證也。又片部。牒，札也。木部。札，牒也。此牒札以木之證也。木牒之牒，其制甚薄。葉一訓薄。薄則便於翻檢。故一翻為一葉。段玉裁注䈎字云。小兒所書寫每一笘謂之一䈎。今書一紙謂之一頁。或作葉。其實當作此䈎。按段氏知其一不知其二。䈎之與牒。皆从枼聲。是葉字在䈎牒之前明矣。同上。書之稱葉。

又云。今人言書曰某部。又曰幾部。按史游急就章云。分別部居不雜廁。此以分類為分部。故稱某類為某部。因而以一種為一部。義得相同。同上。書之稱部。

又云。書稱函者。義當取於函人之函。謂護書也。漢時卷子。裹之以袱。其名曰袠。說文，袠，書衣也。後漢書楊厚傳，吾綈袠中有先祖所傳祕記。太平御覽文部袠類引昭明太子詠書袠詩曰，擢影兔園池，挺莖淇水側。幸雜緗囊用，聊因班女織。是其製以竹織成。與後書所云綈帙者有別。然則同一護書，則竹織者當稱囊矣。原注，敦煌石室所藏卷子外皆以細織竹簾包之，蓋即竹帙之一種，見羅振玉鳴沙石室祕錄。自改卷為摺，而後盛之以函。因是而有書囊。古書大率以五卷或十卷為一袠，蓋亦視本之厚薄多少定之。總而論之，梁以前袠以裹書。梁以後袠以函書。故袠之名微，而函之名著矣。同上書之稱函

六 行列

盧文弨云。古書兩重排列者。皆先將上一列順次排訖。而後始及於下一重。自後人誤以一上一下讀之。至改兩重為一列。亦依今人所讀。而大失乎本來之次第矣。後漢書馬武傳後所載雲臺二十八將。昔人頗多致疑。薛季宣王伯厚始從而正之。後人並曉然於其故。今可不論。唯史記正義所載謚法解。亦本是兩重。改為一列。文多閒雜。亦當改正。（鍾山札記卷四兩排讀法）

史記正義所載謚法解兩重排列本

民無能名曰神　一德不懈曰簡

靖民則法曰皇　平易不訾曰簡

德象天地曰帝　尊賢貴義曰恭

仁義所往曰王　敬事供上曰恭

……　……

今改為一列本

民無能名曰神

一德不懈曰簡

靖民則法曰皇

平易不訾曰簡

德象天地曰帝

尊賢貴義曰恭

仁義所往曰王

敬事供上曰恭

墨子經上篇云。讀此書旁行。孫詒讓閒詁云。凡經與說舊並旁行兩截分讀。今本誤合并寫之。遂混淆訛捝益不可通。

墨子經上篇旁行分讀本

故所得而後成也　　止以久也

體分於兼也　　必不已也

知材也　　平同高也

今本

故所得而後成也止以久也體分於兼也必不已也

知材也平同高也……

文選卷四十七袁彥伯三國名臣贊序。所列魏志九人。蜀志四人。吳志七人。原本別為三截。（日本古鈔本及集注本並如此）亦係旁行分讀。今本誤直下并寫之。遂至次序大亂。

文選三國名臣贊序舊本（古鈔本集注本並如此）

魏志九人	蜀志四人	吳志七人
荀彧字文若	諸葛亮字孔明	周瑜字公瑾
荀攸字公達	龐統字士元	張昭字子布
袁渙字曜卿	蔣琬字公琰	魯肅字子敬
崔琰字季珪	黃權字公衡	諸葛瑾字子瑜
徐邈字景山		陸遜字伯言

陳羣字長文　　顧雍字元歎
夏侯玄字泰初　　虞翻字仲翔
王經字承宗
陳泰字玄伯

今本（今所行刻本並如此）

魏志九人蜀志四人吳志七人荀彧字文若諸葛亮字孔明周瑜字公瑾荀攸字公達龐統字士元張昭字子布袁渙字曜卿蔣琬字公琰魯肅字子敬崔琰字季珪黄權字公衡諸葛瑾字子瑜徐邈字景山陸遜字伯言陳羣字長文顧雍字元歎夏侯玄字泰初虞翻字仲翔王經字承宗陳泰字玄伯

七　文字

顧炎武云。襄公二十四年日有食之。正義曰。此與二十一年頻月日食。理必不然。但其字則變古為篆。改篆為隸。書則縑以代簡。紙以代縑。多歷世代。轉寫謬誤。失其本真。後儒因循。莫能改易。此通人之至論。攷魏書江式言魯共王壞孔子宅得尚書春秋論語孝經。又北平侯張倉獻春秋左氏傳。書體與孔子相類。世謂之古文。自古文以至於今。其傳寫不知幾千百矣。安得無誤。從之學者。於其所不能通。必穿鑿而曲為之說。其為經典之害也甚矣。日知錄卷四

又云。五經中文字不同者多矣。有一經之中。而自不同

者。如桑葚見於衛詩。而魯則為黮。鬯弓著於鄭風。而秦則為韔。左氏一書。其錄楚也。薳氏或為蔿氏。箴尹或為鍼尹。況於鐘鼎之文乎。記曰。書同文。亦言其大略耳。（同上）

八 標識

四庫全書總目提要卷三十三云。經典釋文原本音經者用墨書。音注者用朱書。以示分別。（案經典釋文序錄云今以墨書經本朱字辨注用相分別使較然可求）今本則經注通為一例。蓋刊版不能備朱墨。又文句繁夥。不能如本草之作陰陽字。自宋以來。已混而併之矣。

章炳麟云。世人多言古之典籍不施句度。然標識則有之。案史通點煩云。昔陶隱居本艸。藥有冷熱味者。朱墨

點其名。阮孝緒七錄。書有文德殿者。丹筆寫其字。由是區分有別。品類可知。太炎文錄卷一文例雜論

真偽第七

〔一〕古書真偽

姚際恒古今偽書考序云。造偽書者古今代出其人。故偽書滋多於世。學者於此真偽莫辨。而尚可謂之讀書乎。是必取而明辨之。此讀書第一義也。

輶軒語讀古書宜分真偽云。此事本朝諸老論之最詳。辨之最精。即四庫提要中已具大略。試取觀之自然明若發蒙。國朝姚際恒古今偽書考簡便易看。

〔二〕偽書價值

王懋竑云。東晉所上之書。疑為王肅束晳皇甫謐輩所擬作。其時未經永嘉之亂。古書多在。采摭綴緝。無一字無所本。特其文氣緩弱。又辭意不相連屬。時事不相對值。有識以其非真。而古聖賢之格言大訓。往往在焉。有斷斷不可以廢者。白田草堂存稿論尚書敘錄

唐彪云。凡書之託名者甚多。苟其書真美善。不必問是其人所箸否也。人之有大學識者。其淑世之心每不能自已。筆之於書。又恐不行於世。故託前世聖賢以名之。無害其美善也。後之人辨而贊美之可也。苟知其僞。不言其美。令無知者信吾言而鄙棄其書。則辨之者之過矣。惟真庸陋之書。則闢之自不容已也。讀書作文譜

舊注第八　　内篇八

陸九淵云。或問讀六經當先看何人解注。先生云。須先精看古注。如讀左傳則杜預注不可不精看。大槩先須理會文義分明。則讀之其理自明白。語錄

今畧論舊注之價值列之左方

(一)明故訓

錢大昕云。漢儒說經。遵守家法。詁訓傳箋。不失先民之旨。自晉代尚空虛。宋賢喜頓悟。笑問學為支離。棄注疏為糟粕。談經之家。師心自用。乃以俚俗之言。詮說經典。若歐陽永叔解吉士誘之為挑誘。後儒遂有詆召南為淫奔而刪之者。古訓之不講。其貽害於聖經甚矣。潛研堂文

集卷二十四經籍纂詁序

〔二〕考舊音

段玉裁云。漢人作注。於字發疑正讀。其例有三。一曰讀如讀若。二曰讀為讀曰。三曰當為。讀如讀若者、擬其音也。讀為讀曰者、易其字也。當為者、定為字之誤聲之誤、而改其字也。三者分而漢注可讀。而經可讀。三者皆以音為用。六書之形聲假借轉注。於是焉在。漢之音非今之四聲二百六韻也。則非通乎虞夏商周漢之音。不能窮其條理。玉裁昔年讀詩。確知古音分十有七部。又得其聯合次第自然之故。成六書音均表。質諸天下。今考漢儒注詩禮及他經。及國語史記漢書淮南鴻烈呂覽

諸書。凡言讀如讀為當為者。其音大致與十七部之云相合。因又自喜。述漢讀考詒同志先成周禮考六卷。周禮漢讀考序

三 存異本

向宗魯先生云。高密鄭君徧注羣經。佚亡過半。詩箋禮注。獨有全帙。其中勘舊本之是非。糾寫官之譌誤。蓋亦多矣。子政校書。必聚眾本。鄭君亦然。其於周禮。有故書。有今書。有禮家故讀。而故書今書。又復各有異本。鄭君衡量諸本。審其從違。儀禮有古文有今文。有或本。鄭君從古文則出今文於注中。從今文則出古文於注中。禮記傳於漢師。本亦各異。鄭君作注。兼存異文。後世校讎

之規略具於此矣。校讎學宗鄭樵

〔四〕輯佚書

四庫提要卷四十五、三國志裴松之注、網羅繁富。凡六朝舊籍，今所不傳者。尚一一見厓略。又多首尾完具。不似酈道元水經注、李善文選注。皆翦截割裂之文。故考證之家。取材不竭。轉相引據者。反多於陳壽本書焉。又卷一百四十。世說新語六卷。宋臨川王劉義慶撰。梁劉孝標注。義慶本小說家言。孝標所注。特為典贍。其糾正義慶之紕繆。尤為精核。所引諸書。今已佚其十之九。惟賴是注以傳。故與裴松之三國志注、酈道元水經注。李善文選注。同為考證家所引據焉。

章學誠云。若求之於古而不得。無可如何。而求之今有之書。則又有采輯補綴之成法。昔王應麟以易學獨傳王弼。尚書止存偽孔傳。乃采鄭玄易注書注之見於羣書者。為鄭氏周易鄭氏尚書注。又以四家之詩。獨毛傳不亡。乃采三家詩說之見於羣書者。為三家詩。嗣後而好古之士。踵其成法。往往綴輯逸文。搜羅略遍。今按緝佚之書。往往見於毛詩禮記注疏及後漢書注。漢魏叢史。往往見於三國志注。摯虞文章流別及文章志。往往見於文選注。一隅三反。充類求之。古逸之可採者多矣。校讎通義補鄭篇、

校讎第九

一 校讎意義

文選魏都賦注引風俗通云。案劉向別錄。讎校。一人讀書。校其上下。得謬誤。為校。一人持本。一人讀書。若怨家相對。為讎。

輶軒語讀書宜先校書云。校者。以善本與俗本對勘。正其譌脫也。異同之間。常得妙悟。且校過一次。繁難處亦易記得。但校後宜讀。若校而不讀。便成笑柄。魏邢子才云。誤書思之。恒是一適。若思而不得。則亦不勞讀書矣。以一時興到語。不可以為訓。必如子才之博學殊資。始有思而得之之理。若淺學讀古書。不誤尚不能盡解。況既誤而能臆知邪。

三 校讎方法

孫詒讓云。校書如讎。例肇西漢。都水別錄。聞舉異文。若以立為齊。以肖為趙之類。蓋後世校字之權輿也。晉唐之世。束皙王劭顏師古之倫。皆著書匡正羣書。違繆經疏史注。咸資援證。近代鉅儒。脩學好古。校槧舊籍。率有記述。而王懷祖觀察。及子伯申尚書。盧紹弓學士。孫淵如觀察。顧澗薲文學。洪筠軒州倅。嚴鐵橋文學。顧尚之明經。及年丈俞蔭甫編修。所論著尤眾。風尚大昌。覃及異域。如安井衡。蒲阪圓所箋校。疏證。亦資攷證。綜論厥善。大氐以舊槧精校為據依。而究其微恉。通其大例。

精研博攷。不參成見。其訂正文字譌舛。或求之於本書。或旁證之他籍援引之類書。而以聲類通轉為之錧鍵。故能發疑正讀。奄若合符。及其蔽也。則或穿穴形聲。捃摭新異。馮肊改易。以是為非。乾嘉大師。唯王氏父子郅為精博。凡舉一誼。皆塙鑿不刊。其餘諸家。得失間出。然其稽覈異同。啟發隱滯。咸足餉遺來學。沾溉不窮。我朝樸學超軼唐宋。斯其一端歟。札迻敘

[三]版本

葉德輝曰。先祖宋少保公石林燕語八云。唐以前凡書籍皆寫本。未有模印之法。人以藏書為貴。人不多有。而藏者精於讎對。故往往皆有善本。學者以傳錄之艱。故

其誦讀亦精詳。五代馮道始奏請官鏤六經版印行。自
是書籍刊鏤者益多。士大夫不復以藏書為意。學者易
於得書。其誦讀亦因滅裂。然版本初不是正。不無訛誤。
世既一以版本為正。而藏本日亡。其訛謬者遂不可正。
甚可惜也。據此而論。雕版謂之版。藏本謂之本。藏本者、
官私所藏未雕之善本也。自雕版盛行。於是版本二字。
合為一名。而近人言藏書者。分目錄版本為兩種學派。
大約官家之書。自崇文總目以下。至乾隆所修四庫全
書總目提要。是為目錄之學。私家之藏。自宋尤袤遂初
堂。明毛晉汲古閣。及康雍乾嘉以來各藏書家。斷斷於
宋元本舊鈔。是為版本之學。然二者皆兼校讎。是又為

校勘之學。本朝文治，超軼宋元。皆此三者為之根柢，固不得謂為無益之事也。昔顧澗薲跋蔡中郎文集云：書以彌古為彌善。可不待智者而後知矣。乃世間有一等人，其人蕘翁門下士也。必謂書毋庸講本子，噫！將自欺耶？欺人耶？敢書此以質蕘翁。蕘翁有此門下，亦可謂失傳衣缽矣。同年友某嘗與吾笑談，謂平生不知版本。但見其書有字即讀。吾戲語之曰：君所讀書皆無字，是亦各明一義矣。書林清話卷一 板本之名稱

王應奎云：讀書須讀古本。往往一字之誤，而文義遂至判然。如周語，昔我先王世后稷。注云：后，君也；稷，官也。父子相繼為世。蓋指棄與不窋而言。謂昔我先王世世君

此稷之官也。考之史記周本紀亦然。而今本直云。昔我先世后稷。以后稷專屬之一人。又幾譌為周家之后稷矣。若將我先二字讀斷。則又成何句法乎。又瞽獻曲。注云。曲、樂曲也。曲字與典字筆畫相近。今本遂多誤刊。而不知瞽之於典。初不相涉也。又桃花源記欣然規往。規畫也。規字與親字筆畫相近。今又亦多誤刊。而不知既云親往。下文不應又說未果矣。柳南隨筆

輶軒語讀書宜求善本云。善本非紙白板新之謂。謂其為前輩通人用古刻數本精校細勘付栞。不譌不闕之本也。此有一簡易之法。初學購書。但看序跋。是本朝校刻。尾附有校勘記。而密行細字。寫刻精工者。即佳。

又云。善本之義有三。一足本。無闕卷、未删削。二精本。一精校、一精注。三舊本。一舊刻、一舊鈔。

元本第十　　　　內篇十

[一]引述宜窮根原

顧炎武云。凡述古人之言。必當引其立言之人。古人又述古人之言。則兩引之。不可襲以爲己說也。詩曰。自古在昔。先民有作。程正叔傳易未濟三陽皆失位。而曰。斯義也。聞之成都隱者。是則時人之言。而亦不敢沒其人。君子之謙也。然後可與進於學。（日知錄卷二十）

又云。凡引前人之言。必用原文。水經注引盛弘之荊州記曰。江中有九十九洲。楚諺云。洲不百。故不出王者。桓玄有問鼎之志。乃增一洲。以充百數。僭號數載。宗滅身屠。及其傾敗。洲亦消毁。今上在西。忽有一洲自生。沙流迴薄。成不淹時。其後未幾。龍飛江漢矣。注乃北魏酈道元作。而記中所指今上。則南宋文帝以宜都王即帝位之事。古人不以為嫌。同上

錢大昕曰。余蕭客仲林云。引書注某卷。向謂始於遼僧行均龍龕手鑑。宋程大昌演繁露兩書。然亦偶有一二條耳。後讀江少虞事實類苑。竟體注卷。在程大昌之前。頃閱道藏。見王懸河三洞珠囊。每卷稱某書某卷。懸河唐人。又在江少虞之前矣。原注。四庫全書總目謂李匡乂資暇集引通典多注出某卷。匡乂亦唐人。十駕齋養新錄卷十九

俞正燮曰。齊東野語云。洪景盧日視二十餘草。老院吏曰。蘇學士敏捷亦不過如此。但不曾檢閱書冊耳。洪為

赧然。按蘇洪視草異地。不當有此老院吏。此言與洪有隙者造作以短之。實則誣蘇也。春渚紀聞云。東坡賦詠及著譔。雖目前爛熟事。必令檢視而後出。此言為近實。餘冬緒錄言歐陽為文亦檢故事出處。然後下筆。益自重其文當如此。吳坰五總志云。李商隱為文。多檢閱書史。堆積左右。時謂為獺祭魚。近世晏公類要之類。用工閒暇。冀革臨時檢閱之弊。得非欲益而反彰乎。朱子名臣言行錄云。楊億為文。所用故事。常令諸生子弟檢討出處。每段用小片紙錄之。既成。則綴粘所錄而蓄之。時人謂之衲被焉。皆時人不智之評也。癸巳存稿卷十二為文檢書

梁章鉅云。讀書必以細心為主。蘇子容聞人語故事。必

檢出處。蘇文忠每有撰著。雖目前事。率令少章叔黨諸人檢視而後出。明代人吵讀書多不細。便害大事。王陽明為王守溪作傳。最表章他的性說。性說中引孔子語云。心之神明謂之性。以為吾止以孔子為斷。不知原文乃謂之聖。非謂之性也。記不確。又不去查。落筆便成笑話。（退庵隨筆）

三　參驗務求塙鑿

韓非子顯學篇。無參驗而必之者愚也。弗能必而據之者誣也。

戴震云。凡僕所以尋求於遺經。懼聖人之緒言闇汶於後世也。然尋求而獲。有十分之見。有未至十分之見。所謂十分之見。必徵之古而靡不條貫。合諸道而不留餘議。鉅細畢究本末兼察。若夫依於傳聞。以擬其文。擇於衆說。以裁其優。出於空言。以定其論。據於孤證。以信其通。雖溯流可以知源。不目覩淵泉所導。循根可以達杪。不手披枝肄所歧。皆未至十分之見也。以此治經。失不知為不知之意。而徒增一惑。以滋識者之辨之也。戴東原集卷九與姚孝廉姬傳書

博約第十一

輶軒語讀書宜博云。先博後約。語孟通義。無論何種學問。先須多見多聞。再言心得。若株守坊本講章一部。兎園冊子數帙。而云致知窮理。好學能文。世無其理。

又云。天下書老死讀不可徧。博之為道將如何。曰。在有要而已。古書不可不解。有用之書不可不見。專門之書不可不詳考貫通。如是則有涯涘可窮矣。若治經者雜覽苦思。而所據多偽書俗本。讀史者記其詞語。而不曉史法。多蒐異聞。而本事始末未嘗通考。為詞章者頗有僻典難字。而流別不別。華藻富豔。而字義不合雅訓。引用但憑類書。而不求本源。講經濟者不通當代掌故。雖口如懸河。下筆萬言。猶之陋也。能袪數蔽。斯為博矣。又讀書貴博貴精尤貴通云。該貫六藝。斟酌百家。既不少見而多怪。亦不非今而泥古。從善弃瑕。是之謂通。若夫偏袒一家。得此失彼。所謂是丹非素。一孔之論者也。然必先求博。則不至以臆說俗見為通。先須求精。則不至以掍亂無主為通。不博不精。通字難言。初學慎勿藉口。

部略第十二　　内篇十二

(一)舊籍分類大概

①劉歆七略

漢書藝文志。成帝時。詔光祿大夫劉向校經傳諸子詩賦。步兵校尉任宏校兵書。太史令尹咸校數術。侍醫李柱國校方技。每一書已。向輒條其篇目。撮其指意。錄而奏之。會向卒。哀帝復使向子侍中奉車都尉歆卒父業。歆於是總羣書而奏其七略。故有輯略。（顏師古云、輯與集同、謂諸書之總要）有六藝略。有諸子略。有詩賦略。有兵書略。有術數略。有方技略。

②荀勖中經簿

隋書經籍志。魏祕書郎鄭默始制中經。祕書監荀勗更著新簿。分為四部。總括羣書。一曰甲部。紀六藝及小學等書。二曰乙部。有古諸子家。近世子家兵書兵家術數。三曰丙部。有史記舊事皇覽簿雜事。四曰丁部。有詩賦圖讚汲冢書。

③李充四部書目

文選王文憲集序注引臧榮緒晉書曰。李充字弘度。為著作郎。于時典籍混亂。刪除煩重。煩舊誤頗依陳景雲校改以類相從。分為四部。甚有條貫。祕閣以為永制。五經為甲部。史記為乙部。諸子為丙部。詩賦為丁部。

廣弘明集卷三引阮孝緒七錄序云。惠懷之亂。其書略盡。江左草創。十不一存。後雖鳩集。淆亂已甚。及著作佐郎李充始加刪正。因荀勖舊簿四部之法。而換其乙丙之書。沒略衆篇之名。總以甲乙為次。自時厥後。世相祖述。

④王儉七志

南齊書王儉傳。儉上表求校墳籍。依七略撰七志四十卷。上表獻之。

隋書經籍志。儉撰七志。一曰經典志。紀六藝小學史記雜傳。二曰諸子志。紀古今諸子。三曰文翰志。紀詩賦。四曰軍書志。紀兵書。五曰陰陽志。紀陰陽圖緯。六曰術藝志。紀方技。七曰圖譜志。紀地域及圖書。其道佛附見。合九條。

⑤阮孝緒七錄

隋書經籍志。梁普通中。有處士阮孝緒。博採宋齊以來王公之家。凡有書記。參校官簿。更為七錄。一曰經典錄。紀六藝。二曰紀傳錄。紀史傳。三曰子兵錄。紀子書兵書。四曰文集錄。紀詩賦。五曰技術錄。紀數術。六曰佛錄。七曰道錄。阮錄序目載廣弘明集卷三、

⑥隋書經籍志以下諸史志

隋書經籍志分經史子集為四部。經部序易、書、詩、禮、樂、春秋、孝經、論語、孔叢家語、爾雅并五經總義附於此篇 緯讖、小學、為十種。史部序正史、古史、雜史、霸史、起居注、舊事、職官、儀注、刑法、

雜傳、地理、譜系、簿錄，為十三種。子部序儒、道、法、名、墨、縱橫、雜、農、小說、兵、天文、曆數、五行、醫方，為十四種。集部序楚辭、別集、總集，為三種。兩唐書及宋元明諸史志經籍藝文，雖頗有更易，大抵祖述於此。

㊀四庫全書總目提要

四庫全書總目提要次經部為十類。一曰易類。二曰書類。三曰詩類。四曰禮類。（一周禮之屬，二儀禮之屬，三禮記之屬，四三禮通義之屬，五通禮之屬，六雜禮書之屬。）五曰春秋類。六曰孝經類。七曰五經總義類。八曰四書類。九曰樂類。十曰小學類。（一訓詁之屬，二字書之屬，三韻書之屬。）史部為十五類。一曰正史類。二曰編年類。三曰紀事本末類。四曰別史類。五曰雜史類。六曰詔令奏議類。

一詔令之屬、二奏議之屬、七曰傳記類。一聖賢之屬、二名人之屬、三總錄之屬、四雜錄之屬、五別錄之屬、八曰史鈔類。九曰載記類。十曰時令類。十一曰地理類。一總志之屬、二都會郡縣之屬、三河渠之屬、四邊防之屬、五山川之屬、六古蹟之屬、七雜記之屬、八遊記之屬、九外紀之屬、十二曰職官類。一官制之屬、二官箴之屬、十三曰政書類。一通制之屬、二典禮之屬、三邦計之屬、四軍政之屬、五法令之屬、六考工之屬、十四曰目錄類。十五曰史評類。

子部為十四類。一曰儒家類。二曰兵家類。三曰法家類。四曰農家類。五曰醫家類。六曰天文算法類。一推步之屬、二算書之屬、七曰數術類。一數學之屬、二占候之屬、三相宅相墓之屬、四占卜之屬、五命書相書之屬、六陰陽五行之屬、七雜技術之屬、八曰藝術類。一書畫之屬、二琴譜之屬、三篆刻之屬、四雜技之屬、九曰譜錄類。一器用之屬、二食譜之屬、三草木鳥獸蟲魚之屬、十曰雜家類。十二曰小說家類。一雜事之屬、二異聞之屬、三瑣語之屬、十三曰釋家類。十四曰道家類。附道書集部為五類。一曰楚辭類。二曰別集類。三曰總集類。四曰詩文評類。五曰詞曲類。一詞集之屬二詞選之屬三詞話之屬五詞韻之屬大南北曲之屬今世所行舊籍分類法。大氐依此。

三目錄與校讐之異

李兆洛顧千里墓志云。鄭漁仲輯藝文略。始附以校讐之名。然其所言校讐之事。惟編纂類例。搜求亡書。不啻灌灌。則尚是目錄家也。不與校讐事。

宗經第十三

一 讀經

唐書選舉志。凡禮記春秋左氏傳為大經。詩周禮儀禮為中經。易尚書春秋公羊傳穀梁傳為小經。

鄭耕老云。立身以力學為先。力學以讀書為本。今取六經及論語孟子孝經。以字計之。毛詩三萬九千二百二十四字。尚書二萬五千七百字。周禮四萬五千八百六字。禮記九萬九千二十字。周易二萬四千二百七字。春秋左氏傳一十九萬六千八百四十五字。論語一萬二千七百字。孟子三萬四千六百八十五字。孝經一千九百三字。大小九經。合四十八萬九十字。且以中材為率。

若日誦三百字。不過四年半可畢。或以天資稍鈍中材之半。日誦一百五十字。亦止九年可畢。苟能熟讀而溫習之。使入耳著心。久不忘失。全在日積之功耳。里諺曰。積絲成寸。積寸成尺。寸尺不已。遂成為匹。此語雖小可以喻大。後生其勉之。宋元學案卷四引讀書說

葉夢得云。吾舊所藏自六經諸子之善者。通有三千餘卷。讀之固不可限以數。以二十年計之。日讀一卷。亦可以再周。其餘一讀足矣。惟六經不可一日去手。吾自登科後。每以五月以後。天氣漸暑。不能泛及他書。即日專誦六經一卷。至中秋時畢。謂之夏課。守之甚堅。宣和後稍廢。歲亦必一周也。每讀不唯頗得新意。前所未達者。

其先曰差誤。所獲亦不少。故吾於六經，似不甚滅裂。南史記徐盛年過八十。猶歲讀五經一徧。吾殆不愧此前輩。說劉原父初為窮經之學。寢食坐臥。雖謁客。未嘗不以六經自隨。蠅頭細書為一編。置夾袋中。人或效之。後傭書者遂為雕板。世傳夾袋六經是也。今人但隨好惡苟誦一家之說。便自立門戶。以為通經。內不求之己。外不求之古。可乎。後生稔習聞見。所以日趨於淺陋也。文獻通考卷一百七十四經籍考引葉氏過庭錄。

章炳麟與人論讀經書云。再得書以讀經相質。嘗謂文史諸學。與自然科學異。彼書少易記。此文多難記故也。學問之道。雖貴在考索。若無記誦以先之。雖百方證驗。

常有得一而遺百者。顧寧人先生親覩其弊。故以車中默誦自課而外。有讀經會之設。夜聞張稷若誦儀禮。褰裳拱手。唯恐不及。稷若亦卒成大儒。蓋寧人所以啟清儒之戶牖者。音學五書日知錄為最著。然握其樞者讀經會也。非是皮之不存。而毛將焉附乎。近代經學荒廢。自中學以下未嘗通論語孝經。及入大學。乃以經學概論與之強聒。此與沙門上首為老嫗講華嚴何異。其間偶有違者。蓋其家庭之教素可憑藉耳。不然。雖高朗如顏氏子者。聞師言亦如乍聽外國語矣。然所宜誦者。非獨經也。四史通鑑及前人別集之屬。老生亦常有上口者。顧今日不暇給。且以讀經為先耳。制言第二十一期輶軒語讀經宜讀全本云。周禮禮記左傳。斷不可删。即魯鈍者亦須買全本。就其上鉤乙選讀。日後尚可尋檢寓目。不然。終身亦不知此經有幾卷矣。

三 論通經致用之說

皮錫瑞云。武宣之間。經學大昌。家數未分。純正不雜。故其學極精而有用。以禹貢治河。以洪範察變。以春秋決獄。以三百五篇當諫書。治一經得一經之益也。（經學歷史卷三）

章炳麟云。西京之儒。其誦法既陿隘。事不周浹。而比次之。是故齵差失實。猶以師說效用于王官。制法決事。兹益害也。杜賈馬鄭之倫作。即知摶國不在敦古。博其別記。稽其法度。覈其名實。論其羣衆。以觀世。而六藝復返

於史。祝之病。不漬于今。其源流清濁之所處。風化芳
臭氣澤之所及。則昭然察矣。檢論清儒篇。
又云。舊章誠不與永守。政不驟革。斟酌鄉今。未有不借
資于史。先漢之史。則誰乎。其惟姬周舊典見于六籍者。
故雖通經致用未害也。遷固承流。而繼事者相次十有
餘家。法契之變。善敗之數。則多矣。猶言通經致用。則不
與知六籍本意。檢論訂孔上篇。
又云。春秋斷獄。禹貢治河。三百五篇當諫書。無過以典
訓緣飾。不即曲學干祿者為之。漢之循吏吳公張釋之
朱邑黃霸。少篤如韓延壽。皆以刀筆長民。百姓戴德。仲
舒乃為張湯增益奇辟。嘗仕江都。民無能稱。併於千駟。

以則經術致用，不如法吏明矣。漢謂學者將以實事求是。有用與否，固不暇計。求六藝者究其一端，足以盡形壽，兼則倍是。汎博以為用，以謂九能之士，不可言學。近世翁同龢、潘祖蔭之徒，學不覃思，徒掇拾公羊以為奇觚，金石刻畫，厚自光寵，然尚不敢言致用。康有為善傅會，媚以撥亂之說，又外竊顏李為名高，海內始彬彬向風。其實自欺，識欲致用，不如掾史識形名者多矣。學者在辨名實，知情偽，雖致用不足尚，雖無用不足卑。（文錄卷二與王鶴鳴書）

注疏第十四

外篇二

一 古注義疏

顧炎武云。自漢以來。儒者相傳。但言五經。而唐時立之學官。則云九經者。三禮三傳。分而習之。故為九經。其刻石國子學。則云九經并孝經論語爾雅。宋時朱程諸大儒出。始取禮記中之大學中庸。及進孟子以配論語。謂之四書。本朝因之。而十三經之名始立。其先儒釋經之書。或曰傳。或曰箋。或曰解。或曰學。今通謂之注。書則孔安國傳。詩毛萇傳。鄭玄箋。周禮儀禮禮記則鄭玄注。公羊則何休學。孟子則趙岐注。皆漢人。易則王弼注。魏人。繫詞韓康伯注。晉人。論語則何晏集解。魏人。左氏則杜預注。爾雅則郭璞注。穀梁則范甯集解。皆晉人。孝經則唐明皇御注。其後儒辨釋之書。名曰正義。今通謂之疏。日知錄卷十八十三經注疏、

輶軒語宜講漢學云。漢學者何。漢人注經講經之說是也。經是漢人所傳。注是漢人創作。義有師承。語有根據。去古最近。多見古書。能識古字。通古語。故必須以漢學爲本而推闡之。乃能有合。以後諸儒傳注。其義理精粹。足以補正漢人者不少。要之。宋人皆熟讀注疏之人。故能推闡發明。儻不知本源。卽讀宋儒書亦不解也。方今學官所頒十三經注疏。雖不皆爲漢人所作。然注疏所言。卽漢學也。

三 注疏之合併

注疏合併始於宋紹熙中浙東倉司所刊八行本。此本有提舉三山黃唐跋。謂先有易書周禮。唐又刻毛詩禮記。跋語末題紹熙。七經孟子考文及經籍訪古志皆作紹興。錢大昕（十駕齋養新錄四）阮元（尚書校勘記引據各本目錄）葉德輝（書林清話六宋刻經注疏分合之別）皆沿其誤。阮元遂謂黃跋稱易書周禮先刻。當在北宋之末。惟楊守敬（日本訪書志尚書注疏宋槧本）不誤。說詳向先生周易疏校後記。

錢大昕云。唐人五經正義本與注別行。後儒欲省兩讀。并而為一。雖便於初學。而卷第多失其舊。不復見古書真面。蒙竊病焉。（潛研文集二十七跋爾雅疏單行本）

段玉裁云。自宋人合正義釋文於經注。而其字不同者一切改之使同。使學而不思者白首茫如。其自負能校經者。分別又無真見。故三合之注疏。似便而易惑。久為經之賊。而莫之覺也。經韻樓集與諸同志書論校書之難

三　注疏之校理

段玉裁云。校經之法。必以賈還賈。以孔還孔。以陸還陸。以杜還杜。以鄭還鄭。各得其底本而後判其義理之是非。而後經之底本可定。而後經之義理可以徐定。不先正注疏釋文之底本。則多誣古人。不斷其立說之是非。則多誤今人。經韻樓集與諸同志書論校書之難

近人校注疏者

明浦鏜毛詩注疏正誤

清沈廷芳十三經注疏正字（此本浦鏜原作，而沈氏覆訂者。盧文弨有跋，道其事，見抱經堂集八）

清盧文弨儀禮注疏詳校

清阮元十三經注疏校勘記

日本山井鼎七經孟子考文（并物務觀補遺）

四 注疏點讀次第

王應麟云：朱文公謂五經疏周禮最好，詩禮記次之，書易為下。（語類）愚考之隋志，王弼易、孔安國書至齊梁始列國學。故諸儒之說不若詩禮之詳實。（困學紀聞八）

閻若璩云：朱子又謂儀禮疏不甚分明。余謂左傳疏雖

詳亦略。困學紀聞八注

皮錫瑞云。朱子分別次序極當。竊謂周禮是一代之制。猶不如禮記可以通行。學術治術。無所不包。王制一篇。體大物博。與孟子公羊多合。用其書可以治天下。比之周禮。尤為簡明。治注疏者當從此始。經學歷史七

輶軒語治經宜有次第云。先師旌德呂文節教不佞曰。欲用注疏工夫。先看毛詩。次及三禮。再及他經。其說至精。請申其義。蓋詩禮兩端。最切人事。義理較他經為顯。訓詁較他經為詳。其中言名物。學者能達與否。較然易見。且四經皆是鄭君元注。完全無闕。詩則毛傳粹然為西漢經師遺文。更不易得。欲通古訓。尤在於茲。禮之條

目頗多。卷帙亦鉅。初學畏難。詩義該比興。兼得開發性靈。鄭箋多及禮制。此經既通。其於禮學尋涂探求。自不能已。詩禮兼明。他經方可著手。書道政事。春秋道名分。典禮既行。然後政事名分可得而言也。易道深微。語簡文古。訓詁禮制。在他經為精。在易為粗。所謂至精。乃在陰陽變化消息。然非得其粗者。無由遇其精者。總之。詩禮可解。尚書之文。春秋之義。不能盡解。周易則通儒畢生探索。終是解者少而不解者多。故治經次第。自近及遠。由顯通微。如此為便。較有實獲。周易統貫天人成於四聖理須後聖方能洞曉後代諸家皆止各道所得無一人能為的解定論勢使然也且陰陽無形即使繆種妄說無人能質其非所以通者雖少而注者最多所謂畫狗馬難於畫鬼神之比也。蜀士好談易動輒著書大不可也切宜戒之

釋文第十五　　　外篇三

馮班經典釋文跋云。右經典釋文三十卷。原書文淵閣祕籍也。不知何自出於人間。震澤葉林宗購書工影寫一部。凡八百六十葉。嗚呼。經學盛於漢。至宋而疾漢儒如讎。玄學盛於晉。至宋而詆為異端。注疏僅存。譌缺淆亂。今之學者至不能舉其首題。其閒句讀字。祇賴有是書。世無刻本。又將澌滅矣。此與注疏中所引往往不同。讀者幸詳而寶之也。

臧琳云。案唐初諸儒傳注尚存。此書採漢魏晉南北朝以來諸家訓詁。可謂博極羣書矣。非孔仲達專主一家之可擬也。於周易尚書毛詩論語爾雅莊子。更為賅博。

治經者此書不可一日少也。但陸氏自言。未免多誤。非特音學不精。文字亦不大識。其識甚精評斷甚確。王鳴盛說。經義襍記經典釋文。

四庫提要卷三十三。經典釋文所採漢魏六朝音切凡二百三十餘家。又兼載諸儒之訓詁。證各本之異同。後來得以考見古義者。注疏以外。惟賴此書之存。眞所謂殘膏賸馥。沾溉無窮者也。

錢大昕云。自六書之義不明。經生轉寫。字體譌變。而音亦從而譌。陸元朗集錄諸家音。往往不能定而兼存之。尋其條例。當以先者爲優。後者爲劣。今考之亦未盡當。如周禮。摶埴之工。釋文兼收團博二音。依前音宜從專。

依後音宜從尃。據鄭氏注。搏之言拍也。拍與搏聲相近。則經文當用搏字。而讀如博矣。爾雅釋山篇。小山岌大山峘。釋文。胡官切。又兼存袁恆二音。依前二音字當爲峘。依後音字當爲峘。二字說文皆無之。尋大山及小山當取緜亙之義。則讀如恆者爲正矣。下略。潛研堂集卷二十七跋經典釋文

輶軒語讀經宜正音讀云。音讀雅正可據者。有唐陸德明經典釋文一書。其書皆采集魏晉南北朝諸家音釋。不同者並存之。各本經文不同者標出之。此可聽學者自視家法。擇善而從。總不出此書之外。即可爲有本之學。

清儒第十六　　外篇四

一　清儒治經方法

皮錫瑞謂清儒能紹漢學者三事。一曰傳家法。一曰守顓門。有功於後學者三事。一曰輯佚書。一曰精校勘。一曰通小學。經學歷史卷第十 章炳麟謂清儒以獄法治經。審名實一也。重左證二也。戒妄牽三也。守凡例四也。斷情感五也。汰華辭六也。文錄卷一說林下 今論清儒治經方法。略有五端。

(1) 搜古說

章炳麟謂清儒之成學著系統者。自乾隆朝始。一自吳。一自皖南。吳始惠棟。其學好博而尊聞。檢論清儒篇 此即清儒之偏重於搜古説者一派也。

又云。棟承其父士奇學。揖志經術。撰九經古義周易述明堂大道錄古文尚書考左傳補注。始精眇不惑於謏聞。然亦汜濫百家。嘗注後漢書及王士禎詩。其餘筆語尤衆。棟弟子有江聲余蕭客。聲為尚書集注音疏。蕭客為古經解鉤沈。大共篤於尊信。綴次古義。鮮下己見。而王鳴盛錢大昕亦被其風。稍益發舒。教於揚州。則汪中、劉台拱李惇賈田祖以次興起。蕭客弟子甘泉江藩。復纘緒周易述。皆陳義爾雅。淵乎古訓是則者也。同上

②判是非

章炳麟謂皖南始江永戴震。綜形名。任裁斷。檢論清儒篇此

即清儒之偏重於判是非者一派也。
又云。凡戴學數家。分析條理。皆多密嚴瑮。上溯古義。而
斷以己之律令。與蘇州諸學殊矣。同上

③講小學

章炳麟云。震弟子最知名者金壇段玉裁高郵王念孫。
玉裁為六書音韻表以解說文。說文明。念孫疏廣雅。以
經傳諸子。轉相證明。諸古書文義詰詘者皆理解。授子
引之為經傳釋詞。明三古詞氣。漢儒所不能理繹。其小
學訓詁。自魏以來未嘗有也。近世德清俞樾瑞安孫詒
讓皆承念孫之學。樾為古書疑義舉例。辨古人稱名抵
牾者。各從條例。使人無所疑眩。尤微至。世多以段王俞

孫為經儒。卒最精者乃在小學。往往得名家支流。非漢世凡將急就之儕也。檢論清儒篇、

④考名物

章炳麟云。震生休寧。受學婺源江永。治小學禮經算術輿地皆深通。其鄉里同學有金榜程瑤田。後有淩廷堪三胡。三胡者匡衷承珙培翬也。皆善治禮。而瑤田兼通水地聲律工藝穀食之學。檢論清儒篇、

⑤造新疏

章炳麟云。自古今文師法散絕。則唐有五經周禮儀禮諸疏。宋人繼之。命曰十三經注疏。然書用枚頤左氏春秋用杜預。孝經用唐玄宗。皆不厭人望。周易家王弼者、

費氏之宗子。道大似不肖。常見笑世儒。正義又疏略。枚頤僞古文。仍世以爲壁藏於宣父。其當刊正久矣。毛詩傳最篤雅。箋失其宗。而詩譜能知遠。鄭氏三禮無閒也。疏人或未通故言舊事。多違其本質。清世爲疏者。易有惠棟述、江藩李林松述補、張惠言虞氏義。雖拘滯趣以識古。書有江聲集注音疏、孫星衍古今文注疏。詩有陳奐傳疏。周禮有孫詒讓正義。儀禮有胡培翬正義。春秋左傳有劉文淇正義。公羊傳有陳立義疏。論語有劉寶楠正義。孝經有皮錫瑞鄭注疏。爾雅有邵晉涵正義、郝懿行義疏。孟子有焦循正義。諸易義不足言。而詩疏稍膠固。其他皆過舊釋。用物精多。時使之也。惟禮記穀梁

傳獨闕。將孔疏翔實。後儒弗能加。而穀梁氏淡泊鮮味。治之者稀。前無所襲。非一人所能就故也。（檢論清儒篇）

〔三〕清儒治經成績

輶軒語讀書不必畏難云。讀書一事。古難今易。無論何門學問。國朝先正。皆有極精之書。前人是者證明之。誤者辨析之。難考者考出之。（參校考證）不可見之書采集之。且諸公最好著為後人省精力之書。一蒐補。（或從羣書中蒐出或補完或緝綴）一校訂。（譌脫同異）一考證。（據本書據注據他書）一譜錄。（提要及紀元地理名種表譜）此皆精畢生之精力。踵纍代之成書。而後成者。故同此一書。古人十年方通者。今人三年可矣。前人甚苦。後人甚樂。諸公作室。我輩居之。諸公製器。我輩用之。士生今日。若肯讀書。真可不費無益之精神。而取益身心。坐收實用。

又宜讀國朝人經學書云。經語惟漢人能解。漢儒語惟國朝通儒能徧解。何也。國朝諸大儒讀書多。記書真。校書細。好看古書。不敢輕改古本。不肯輕駁古説。善思善悟。善參校。善比例。善分別真偽。故經學為千古之冠。書多矣。皇清經解為大宗。雖未全錄。已得大概。此書一千餘卷。當從何種看起。先看郝疏爾雅段注説文經義述聞三種。此書書精價廉。一舉而得數十百種書。計無便於此者。作看注疏人所不耐。故必以國朝人經説之。先經解成書後續出者尚多。先出而未見未收者亦不少。以此例之即得。

皮錫瑞云。皇清經解續皇清經解二書。於國朝諸家蒐輯大備。惟卷帙繁富。幾有累世莫殫之疑。而其中卓然成家者。實亦無幾。一知半解。可置不閱。今之治經者。欲求簡易。惟有人治一經。經主一家。其餘諸家。皆可姑置。其他各經。更可從緩。漢注古奧。唐疏繁複。初學者先看注疏。人必畏難。當以近人經說先之。嘉道後治今文說者。皇清經解未收其書。書具見於續經解中。故續經解更切要於前經解也。學者誠能於經學源流正變研究一過。即知今之經學。無論今文古文。專門學通學。國朝經師。莫不著有成說。津逮後人。以視前人之茫無途徑者。實為事半功倍。經學歷史卷十

考史第十七

一 論讀史

章炳麟云。欲省功而易進。多識而發志。其唯史乎。其書雖廣。而文易知。其事雖煩。而賢人君子之事。與夫得失之故悉有之。(文錄續編卷一救學弊論)

又云。史之發人志趣。益人神智。其用實倍於經。非獨多識往事而已。人不習史。端者不過為鄉里善人。庸者則務在衣食室家。而尚奇者或為亂政之魁。清末至今。其弊可見。(中學國文書目)

三 考史大要

① 重考證

四庫提要卷四十五史部總敘云：史之為道，撰述欲其簡，考證則欲其詳。莫簡於春秋，莫詳於左傳。魯史所錄，具載一事之始末，聖人觀其始末，得其是非，而後能定以一字之褒貶。此作史之資考證也。丘明錄以為傳，後人觀其始末，得其是非，而後能知一字之所以褒貶。此讀史之資考證也。苟無事蹟，雖聖人不能作春秋。苟不知其事蹟，雖以聖人讀春秋，不知所以褒貶。儒者好為大言，動曰舍傳以求經。此其說必不通。其或通者，則必私求諸傳，詐稱舍傳云爾。司馬光通鑑，世稱絕作。不知其先為長編，後為考異。高似孫緯略載其與宋敏求書，稱到洛八年，始了晉宋齊梁陳隋六代。唐文字尤多，依年月編次為草卷。以四丈為一卷。計不減六七百卷。又稱光作通鑑。一事用三四出處纂成。用雜史諸書凡二百二十二家。李燾巽巖集。亦稱張新甫見洛陽有資治通鑑草稾盈兩屋。（原注：案燾集今已佚，此據馬端臨文獻通考述其父廷鸞之言。）今觀其書。如譚方戒禍水之語。則採及飛燕外傳。張彖冰山之語。則採及開元天寶遺事。並小說亦不遺之。然則古來著錄。於正史之外。兼收博采。列目分編。其必有故矣。

②繁詳略

章炳麟云。夫羲農以上。事不可知。若言燧人治火。有巢居櫓。存而不論可也。尚書上起唐虞。下訖周世。然其世次疏闊。年月較略。或不可以質言。是故孔子序甘誓。以為啟事。墨子說甘誓。以為禹事。伏生太史公說金縢風雷之變為周公薨後事。鄭康成說此為周公居東事。如此之類。雖閉門思之十年。猶不能決也。降及春秋。世次年月。始克彰著。而遷固以下因之。雖有異說。必不容絶經如此矣。好其多異說。而惡其少異說者。是所謂好畫鬼魅。惡圖犬馬也。不法後王。而盛道久遠之事。又非所以致用也。（救學弊論）

又云。大抵學校專趣口講。則鄙帙廣博者不便。非空言籠罩。則偏詳皇古而略近代。舍實取虛。背明向暗。所謂好畫鬼魅惡圖犬馬者矣。今趣重目治。得救口講之弊。

中學國文書目、

③勿妄疑

章炳麟云。以一人貫串數百年事。或以羣材輯治。不能相顧。其舛漏宜然。及故為回隱者。則多於革除之際見之。非全書悉然也。史通曲筆之篇。通鑑考異之作。已往往有所別裁。近代為諸史考異者。又復多端。其略亦可見矣。今以一端小過。悉疑其僞。然則耳目所不接者。孰有可信者乎。百年以上之人。三里以外之事。吾皆可疑為僞也。（救學弊論）

④戒空論

輶軒語讀史忌妄議論古人賢否古事得失云。事實詳碻。善惡自分。首尾貫通。得失乃見。若不詳年月。不考地理。不明制度。不揣時勢。妄論苟求。橫生褒貶。則艸謬顛倒。徒供後人訕笑耳。讀史者貴能詳考事蹟。古人作用言論。推求盛衰之倚伏。政治之沿革。時勢之輕重。風氣之變遷。為其可以益人神智。遇事見諸實施耳。古人往矣。豈勞後人為之讞獄注考哉。

章炳麟云。近世鄙倍之說。謂史有平議者合於科學。無平議者不合科學。案史本錯雜之書。事之因果。亦非盡隨定則。縱多施平議。亦烏能合科學邪。若夫制度變遷。推其沿革。學術異化。求其本師。風俗殊尚。尋其作始。如班固沈約李淳風所志。亦可謂善於平議矣。而今世之平議者。其情異是。上者守社會學之説。而不能變。下者猶近蘇軾呂祖謙博議之流。但詞句有異爾。蓋學校講授。徒陳事狀。則近於優戲。不得已乃多施平議。而已不能自知其故。藉科學之號以自尊。斯所謂大愚不靈者矣。（文錄卷一徵信論下自注）

正史第十八

外篇六

(一)正史名義

顧炎武云。宋時止有十七史。今則并宋遼金元四史為二十一史。但遼金二史。向無刻本。南北齊梁陳周書。人間傳者亦罕。故前人引書。多用南北史及通鑑。而不及諸書。亦不復采遼金者。以行世之本少也。嘉靖初南京國子監祭酒張邦奇等請校刻史書。欲差官購索民間古本。部議恐滋煩擾。上命將監中十七史舊板考對修補。仍取廣東宋史板付監。遼金二史無板者。購求善本翻刻。十一年七月成。祭酒林文俊等表進。至萬歷中。北監又刻十三經二十一史。其板視南稍工。而士大夫遂家有其書。歷代之事迹。粲然於人間矣。然校勘不精。訛舛彌甚。且有不知而妄改者。此不適足以彰太學之無人。而貽後來之姍笑乎。日知錄卷十八監本二十一史

錢大昕云。續漢書郡國志。今錄中興以來郡縣改異。及春秋三史會同征伐地名。三史、謂史記漢書及東觀漢記也。吳志呂蒙傳注引江表傳。權謂蒙曰。孤統軍以來。省三史諸家兵書。大有益。又孫峻傳注引吳書。留贊好讀兵書及三史。晉書傅玄傳。撰論三史故事。評斷得失。隋書經籍志有三史略二十九卷。吳太子太傅張溫撰。皆指此。自唐以來。東觀漢記失傳。乃以范蔚宗書當三史之一。十駕齋養新錄卷六三史

又云。宋史藝文志文史類有吳武陵十三代史駁議十二卷。目錄類有宗諫注十三代史目十卷。商仲茂十三代史目一卷。類事類有十三代史選三十卷。吳武陵唐人。蓋唐時以史記前後漢書三國志晉宋齊梁陳魏齊周隋書為十三代史也。又類事類有十史事語十卷。十史事類十二卷。李安上十史類要十卷。十史者，自三國至隋十代之史。馬班范三家不在其數。同上十三史十史

又云。宋人於十三史之外，加以南北史及唐五代。於是有十七史之名。宋史藝文志史鈔類有十七史贊。名賢十七史確論一百四卷。類事類有王先生十七史蒙求十六卷。原注陳振孫云，或曰王令也。同上十七史

又云。元曾先之撰十八史略二卷。蓋於十七史之外益以宋事也。明初臨川梁孟寅益以元事。稱十九史略。同上

十八史　十九史

四庫提要卷四十五云。正史之名。見於隋志。至宋而定著十有七。明刊監版。合宋遼金元四史為二十有一。皇上欽定明史。又詔增舊唐書為二十有三。近蒐羅四庫。薛居正舊五代史得裒集成編。欽稟睿裁。與歐陽修書並列共為二十有四。今並從官本校錄。凡未經宸斷者。則悉不濫登。蓋正史體尊。義與經配。非懸諸令典。莫敢私增。所由與稗官野記異也。

輶軒語宜讀正史云。史記漢書後漢書三國志晉書宋

書、齊書、梁書、陳書、魏書、北齊書、周書、隋書、南北史、舊唐書、新唐書、舊五代史、新五代史、宋史、遼史、金史、元史、明史。此廿四部為正史。凡引據古人事實。先以正史為憑。再及别史雜史。僅看坊本刪削綱鑑。不得言史學。

三 正史研讀次第

輶軒語正史中宜先讀四史云。全史浩繁。從何說起。四史為最要。史記、漢書、後漢、三國。四者之中。史記前漢為尤要。其要如何。語其高則證經義。多古典、古言古字。通史法。諸史義例皆本馬班。語其卑則古來詞章。無論駢散。凡雅詞麗藻。大半皆出其中。文章之美。無待於言。

又云。諸史中體例文筆。雖有高下。而其有益實用處。並無輕重之別。蓋一朝自有一朝之事蹟。一朝之典制。無可軒輊。且時代愈近者。愈切於用。非謂四史之外。可束高閣。

通鑑第十九　　外篇七

一、通鑑

四庫提要卷四十七。資治通鑑二百九十四卷。宋司馬光撰。元胡三省音注。光以治平二年受詔撰通鑑。以元豐七年十二月戊辰書成奏上。凡越十九年而後畢。光進表稱精力盡於此書。其採用之書。正史之外。雜史至三百二十二種。其殘稿在洛陽者。尚盈兩屋。既非掇拾殘賸者可比。又助其事者。史記前後漢書屬劉攽。三國南北朝屬劉恕。唐五代屬范祖禹。又皆通儒碩學。非空談性命之流。故其書網羅宏富。體大思精。為前古之所未有。三省匯合羣書。訂譌補漏。以成此注。通鑑文繁義

博。貫穿最難。三省所釋。於象緯推測地形建置制度沿革、
諸大端。極為賅備。故唐紀開元十二年內注云。溫公作
通鑑。不特紀治亂之跡而已。至於禮樂歷數天文地理。
尤致其詳。讀者如飲河之鼠。各充其量。蓋本其命意所
在。而於此特發其凡。可謂能見其大矣。
輶軒語宜讀通鑑云。史學須漸次為之。亦須窮年累月。
若欲通知歷朝大勢。莫如資治通鑑及續通鑑。(乃國朝畢沅撰。)
非指宋元明(人所續者)明通鑑。猶恐未能貫串。宜兼讀通鑑紀事本
末。宋元明紀事本末。(溫公自作通鑑目錄，簡便易尋)
章炳麟云。溫公之作通鑑也。采摭甚廣。異同互出。不敢
自擅筆削之權。因有考異之作。蓋傳聞每多異辭。正史

或有謬誤。溫公既取可信者録之。復考校異同。辨證謬誤。作考異以示來世。真所謂良工心苦也。至於褒貶筆削之說。溫公所不為。例之太史公書亦無自存筆削之意也。觀史公自序荅壺遂之言。余所謂述故事整齊其世傳。非所謂作也。而君比之春秋。謬矣。蓋春秋有一定之凡例。而褒貶之釋。三傳不同。故春秋不可妄擬。通鑑之志。亦猶史公之志耳。（史學略說上）

又云。綜觀通鑑所采。西漢全采史漢。東漢采范書十之七八。魏晉至隋采正史者十之六七。唐則采正史者十不及五。至五代則全據薛史。編輯之時。漢魏屬之劉攽。晉至六朝屬之劉恕。唐及五代屬之范祖禹。三人分修。

而筆墨相近。蓋溫公頗加斟酌於其間也。大事之後。又繫以臣光曰之論斷。較之袁書。此為簡易。較之荀書。此為透澈。書成上表。謂精力盡於此書。信不誣矣。同上

又云。通鑑考正史之誤。且多補苴闕軼。故獨為信史。非專以貫穿紀傳為能。中學國文書目

又云。續資通鑑不如通鑑甚遠。然捨此亦無他書可代。同上

（三）編年史與紀事本末

史通六家篇。孔子既著春秋。而丘明受經作傳。言見經文。而事詳傳內。或傳無而經有。或經闕而傳存。其言簡而要。其事詳而博。信聖人之羽翮。而述者之冠冕也。當

漢代史書。以遷固為主。而紀傳互出。表志相重。於文為煩。頗難周覽。至孝獻帝始命荀悅撮其書為編年體。依左傳著漢紀三十篇。自是每代國史。皆有斯作。起自後漢。至於高齊。如張璠、孫盛、干寶、徐賈、裴子野、吳均、何之元、王劭等。其所著書。或謂之春秋。或謂之紀。或謂之略。或謂之典。或謂之志。雖名各異。大抵皆依左傳。以為的準焉。

又二體篇。邱明傳春秋。子長著史記。載筆之體。於斯備矣。後來繼作。相與因循。荀悅、張璠。邱明之黨也。班固華嶠。子長之流也。夫春秋者。繫日月而為次。列時歲以相續。中國外夷。同年共世。莫不備載其事。形於目前。理盡一言。語無重出。此其所以為長也。至於賢士貞女高才儁德。事當衝要者。必盱衡而備言。跡在沈冥者。不枉道而詳說。如絳縣之老。杞梁之妻。或以酬晉卿而獲記。或以對齊君而見錄。其有賢如柳惠。仁若顏回。終不得彰其名氏。顯其言行。故論其細也。則纖芥無遺。語其粗也。則邱山是棄。此其所以為短也。史記者紀以包舉大端。傳以委曲細事。表以譜列年爵。志以總括遺漏。逮以天文地理。國典朝章。顯隱必該。洪纖靡失。此其所以為長也。若乃同為一事。分在數篇。斷續相離。前後屢出。於高紀則云語在項傳。於項傳則云事具高紀。又編次同類。不求年月。後生而擢居首帙。先輩而抑歸末章。遂使漢之賈誼。將楚屈原同列。魯之曹沫。與燕荊軻並編。以其所以為短也。考茲勝負。互有得失。班固設紀傳以區分。荀悅又依左氏成書。翦截班史。班荀二體。角力爭先。欲廢其一。固亦難矣。後來作者。不出二途。故晉史有王虞。而副以干紀。宋書有徐沈。而分為裴略。各有其美。並行於世。

四庫提要卷四十九史部紀事本末類序云。古之史冊。編年而已。周以前無異軌也。司馬遷作史記。遂有紀傳一體。唐以前無異軌也。至宋袁樞。以通鑑舊文。每事為篇。各排比其次第。而詳其始終。命曰紀事本末。史遂又有此一體。夫事例相循。其後謂之因。其初有所（皆起於）創。其後（初）

有所創。其後即不能不因。故未有是體以前。微獨紀事本末創。即紀傳亦創。編年亦創。既有是體以後。微獨編年相因。紀傳相因。即紀事本末亦相因。因者既眾。遂於二體之外。別立一家。今亦以類區分。使自爲門目。凡一書備諸事之本末。與一書具一事之本末者。總彙於此。其不標紀事本末之名。而實爲紀事本末者。亦併著錄。

表志第二十　　外篇八

（一）表志

顧炎武云。朱鶴齡曰。太史公史記。帝紀之後。即有十表八書。表以紀治亂興亡之大畧。書以紀制度沿革之大端。班固改書為志。而年表視史記加詳焉。蓋表所繇立。昉於周之譜諜(牒)。與紀傳相為出入。凡列侯將相。三公九卿。其功名表著者。既系之以傳。此外大臣無積勞。亦無顯過。傳之不可勝書。而姓名爵里。存沒盛衰之跡。要不容以遽泯。則於表乎載之。又其功罪事實。傳中有未悉備者。亦於表乎載之。年經月緯。一覽瞭如。作史體裁莫大於是。而范書闕焉。使後之學者。無以考鏡二百年用人行政之節目。良可歎也。其失始於陳壽三國志。而范曄踵之。其後作者。又援范書為例。年表皆在所略。原注：姚思廉梁陳二書、李百藥北齊書、李延壽南北史，皆無表志。不知作史無表。則立傳不得不多。傳愈多。文愈繁。而事蹟或反遺漏而不舉。歐陽公知之。故其撰唐書。有宰相表。有方鎮表。有宗室世系表。宰相世系表。始復班馬之舊章云。沈彤曰：救文格論云：作史莫難乎志。紀傳一人之始末，表志一代之始末，非弘覽博物者不能為其考訂之功，亦非積以歲月不能徧。自東京以後，典冊既闕，人趨苟具。陳壽三國始不立志，姚思廉梁陳二書、李百藥北齊書、令狐德棻周書、李延壽南北二史並因之不立志。其他諸史雖立志而紕繆特多。夫無志不得為完史，有志而不淹貫不得為良史矣。○日知錄卷二十六作史不立表志

輶軒語讀史宜讀表志云。作史以作志為最難。讀史以

讀志為最要。一代典章制度。皆在其中。若止看列傳數篇。於史學無當也。除三史外隋書經籍志新唐地理志明史歷志皆要表亦史家要領。可訂歲月之誤。兼補紀傳之闕。簡質無情人所厭觀先覽大概用時檢之

又宜讀正史云。國朝萬斯同歷代史表。沈炳震廿一史四譜。李兆洛紀元編歷代地理今釋。王鳴盛十七史商榷。趙翼廿二史劄記。錢大昕廿二史考異。皆讀史者不可少之書。唐劉知幾史通最為史學樞要必當先讀

三 政書

四庫提要卷八十一史部政書類序云。志藝文者有故事一類。其間祖宗創法。奕葉慎守。是為一朝之故事。後

鑒前師。與時損益者。是為前代之故事。史家著錄。大抵前代事也。隋志載漢武故事。及稗官。唐志載魏文貞故事。橫章家傳。循名誤列。義例殊乖。今總核遺文。惟以國政朝章。六官所職者。入於斯類。以符周官故府之遺。考錢溥祕閣書目有政書一類。謹據以標目。見綜括古今之意焉。

輶軒語宜讀通考云。三通並稱。然通志除二十略外皆可不讀。二十略中。亦多不可據。通典甚精。多存古書古禮。於經學甚有益。若意在經濟。莫如文獻通考。詳博綜貫。尤便於用。

章炳麟云。正史編年而外。學者欲多識前言往行。則三通尚已。四庫提要以通典通考入政書類。通志入別史類。不知通志二十略。鄭漁仲之創作。本紀列傳。則史鈔也。四庫不知辨別。概歸之別史。失其實矣。作通典者杜君卿。唐德宗時人。先是劉知幾之子秩作政典三十五卷。分門詮次。大體略具。杜氏以為未備。復博采史志。綜貫歷代典章制度。而為是書。杜氏之意。重在政治。故天文五行。擯而不錄。全書二百卷。分八門。禮占全帙之半。開元禮原書已佚。杜氏擷其精要。存三十六卷。其隆禮如此。書成。德宗時上之。至宋有宋白作續通典。今無可見。馬貴與作文獻通考。蓋有因於宋書者。馬氏以杜書未備。故離析增益而列二十四門。實則經籍象緯物異諸考。無關政治。不過充數而已。原注：經籍考尚與文化有關。然其書出後。繼起而無愧色者。亦不可得矣。通志二十略。大半本於通典帝紀列傳。多錄原史。不合通典通考之例。四庫提要。不以與杜馬之書並列。殆為此也。然通志疏漏殊甚。不僅言天文可笑。言地理亦可笑。至於六書略與說文全不相涉。七音略則以三十六字母為主。考古太疏妄謂江左之儒。知有四聲而不知七音。謬矣。其校讎一略。為章實齋所推崇。實則鄭氏校讎之學不甚精密。其類例一依七略七志。不欲以四部分類。亦但襲古人成法耳。撰鄭氏初志。蓋欲作一通史。而載筆之時不能鎔鑄翦裁。以致直鈔紀傳。成為今書耳。史學略說下

又云。續通志無本紀列傳。續通典續通考大體尚佳。惟嫌重複。二者有一已足。不必重規疊矩也。同上

又云。應用於政治。讀通考已足。五禮通考之類。政治中人未有好讀之者。讀之亦無所用。此書非但不及通典。亦不如通考甚遠。至於皇朝三通。通非所通。五禮通考以行政制度歸入五禮。亦不通也。今人欲讀政書。自以通典通考為最要。通志已無所用。至讀皇朝三通則不如讀大清會典。要之。九通之中。有用而須熟讀者。祇通典通考二書已耳。同上

又云。通典通考而外。會要亦掌故要籍。唐會要元和時蘇冕所作。後楊紹復等奉詔續之。宋王溥復續成今書。

溥又撰五代會要三十卷。南宋徐天麟更撰東西漢會要。取兩漢之事。分為若干門。不專記典章制度。四庫無可歸類。入之政書。實非純粹政書也。東西漢會要用以蒐檢兩漢書甚便。五代會要學者不之重。然所記政典頗足補五代史之闕。五代舊史不全。新史亦有所未詳也。

同上

諸子第二十一

㈠讀諸子

四庫提要卷九十一子部總叙云。自六經以外。立說者皆子也。其初亦相淆。自七略區而別之。名品乃定。其中或佚不傳。或傳而後莫為繼。或古無其目而今增。古各為類而今合。夫學者研理於經。可以正天下之是非。徵事於史。可以明古今之成敗。餘皆雜學也。然儒家本六藝之支流。雖其間依草附木。不能免門户之私。而數大儒明道立言。炳然具在。要可與經史旁參。其餘雖真偽相雜。醇疵互見。然凡能自名一家者。必有一節之足以自立。即其不合於聖人者。存之亦可為鑒戒。雖有絲麻無棄菅蒯。狂夫之言。聖人擇焉。在博收而慎取之爾。

俞樾諸子評議序云。聖人之道。具在於經。而周秦兩漢諸子之書。亦各有所得。雖以申韓之刻薄。莊列之怪誕。要各本其心之所獨得者。而著之書。非如後人剽竊陳言。一倡百和者也。且其書往往可以考證經義。不必稱引其文。而古言古義。居然可見。皆秦火以前六經舊說。孤文隻字。尋繹無窮。嗚呼。西漢經師之諸論。已可寶貴。況又在其前歟。

輶軒語讀子為通經云。子有益於經者三。一證佐事實。一證補諸經譌文佚文。一兼通古訓古音韻。然此為周秦諸子言也。漢魏亦頗有之。至其義理。雖不免偏駮。亦多有合於經義。可相發明者。宜辨其真偽。別其瑜瑕。斯可矣。唐以後子部書最雜。不可同年而語。

又讀子宜求訓詁看古注云。大抵天地間人情物理。下至猥瑣纖末之事。經史所不能盡者。子部無不有之。其趣妙處。較之經史。尤易引人入勝。故不讀子。不知瓦礫糠粃。無非至道。不讀子。不知文章之面目。變化百出。莫可端倪也。此其益人。又有在於表裏經史之外者矣。

㈢治子方法

⑴徵實

輶軒語讀子宜求訓詁看古注云。諸子道術不同。體製各別。然讀之亦有法。首在先求訓詁。務使確實可解。切不可空論其文。臆度其理。即如莊子寓言。謂其事多烏有耳。至其文字名物。仍是鑿鑿可解。文從字順。豈有著書傳後。故令其語在可曉不可曉之間者乎。以經學家實事求是之法讀子。其益無限。

②懲虛

柳詒徵云。近日學者喜談諸子之學。家喻戶習。寖成風氣。然攈摭諸子之原書。綜貫史志。洞悉其源流者實不多覯。大抵誦説章炳麟梁啓超胡適諸氏之書。輾轉稗販。以飾口耳。諸氏之説子家學派。率抨擊以申其説。雖所指各有深淺。而偏宕之詞。恒謬盭於事實。後生小子。習而不察。沿訛襲謬。其害匪細。學術雜志論近人講諸子之學者之失。

又云。講求學術。必先虛心讀書。實事求是。不可挾一偏之見。舞文飾說。强古人以就我。同上

又云。今之學者。不肯潛心讀書。而又喜聞新說。根柢本自淺薄。一聞諸氏之言。便奉為枕中鴻寶。非儒謗古。大言不慚。則國學淪胥。實諸氏之過也。同上

理學第二十二　　外篇十

曰讀理學書

輶軒語宋學書宜讀近思錄云。宋儒以後理學家書。推明性理。洵發前代未發。然理無盡藏。師無定法。涯涘難窮。其高深微眇。下學未能猝解。朱子近思錄一書。言約而達。理深而切。有益身心。高下咸宜。所宜人置一編。其餘俟積久基成。自宜廣覽。國朝江永有校注本極精

又云。王陽明學術宗旨雖與程朱不同。然王出於陸。亦宋學也。猶如繼別之後。更分大宗小宗。不必強立門戶。互相訾謷。講宋學者。必先將二程遺書。朱子語類。明儒學案。三書讀過。字字寓目。方可幾望入門耳。

〔三〕論漢宋得失

王鳴盛云。學者若能識得康成深處。方知程朱義理之學。漢儒已見及。程朱研精義理。仍即漢儒意趣。兩家本一家。如主伯亞旅。宜通力以治田。醯醢鹽梅。必和劑以成味也。十七史商榷卷六十四

輶軒語為學忌分門戶云。近代學人。大率兩塗。好讀書者宗漢學。講治心者宗宋學。逐末忘源。遂相詬病。大為惡習。夫聖人之道。讀書治心。宜無偏廢。理取相資。詆諆求勝。未為通儒。甚者或言必許鄭。或自命朱程。夷考其行。則號為漢學者。不免為貪鄙邪刻之徒。號為宋學者。徒便其庸劣巧詐之計。是則無論漢宋。雖學奚為。要之。

學以躬行實踐為主。漢宋兩門。皆期於有品有用。使行誼不修。莅官無用。楚固失之。齊亦未為得也。若夫欺世自欺之人。為漢儒之奴隸。而實不能通其義。為宋儒之傀儡。而並未嘗讀其書。尤為大謬。無足深責者矣。經典義理舍文字訓詁何從知之。此事恐難析離。

又云。宋儒表章學庸。然禮記乃二戴所傳。七十子後學者所記。夫云七十子後學者。非秦漢以來經師而何。是真漢學也。況樂記一篇。漢人所撰。實括論性主靜諸義。董子韓嬰。備言性道中和。然則性理之學。源出漢儒。強生分別。不知學者也。考證校勘之學乃劉攽宋祁曾鞏沈括洪邁鄭樵王楙王應麟開其端實亦宋學也又云。愚性惡聞人詆宋學。亦惡聞人詆漢學。意謂好學者即是佳士。無論真漢學未嘗不窮理。真宋學未嘗不讀書。即使偏勝。要是誦法聖賢。各適其用。豈不勝於不學者。乃近人箸書。入主出奴。互相醜詆。一若有大不得已者。而於不學者則絕不訾議。是誠何心。良可怪也。世之不學。無論漢宋。一律謗毀。必欲天下同歸於不學而後快。此亦如恥獨為君子者耳。好學者各尊所聞。各行所知。勿為所動。近年士人既嫌漢學讀書太苦。又嫌宋學律身太拘。五經棄於庋閣。名文亦厭披覽。但患其不學耳。何暇慮及學之流弊哉。

說部第二十三　　外篇十一

劉師培云。唐宋以前。治學術者。大抵多專門之學。與涉獵之學不同。故叢殘瑣屑之書鮮。唐宋以降。治學術者。大抵皆涉獵之學耳。故說部之書。盛於唐宋。今之見於著錄。不下數千百種。試詳考之。約分三類。一曰考古之書。于經學則考其片言。於小學或詳其一字。下至子史。皆有詮明。旁及詩文。咸有記錄。此一類也。一曰記事之書。或類輯一朝之政。或詳述一方之聞。或雜記一人之事。然艸野載筆。黑白雜淆。優若足補史冊之遺。下者輯（轉）味是非之實。此又一類也。一曰稗官之書。巷議街談。輾轉相傳。或陳福善禍淫之迹。或以敬天明鬼為宗。甚至記壇宇而陳儀跡。因祠廟而述鬼神。是謂齊東之談。堪續虞初之著。此又一類也。要而論之。此三類者。均由學士大夫。好佚惡勞。憚著書之苦。復欲博著書之名。故單辭隻義。軼事遺聞。咸筆之於書。以冀流傳久遠。非如經史子集。各有專門名家。師承授受。可以永久勿墮也。而其所以能傳者。則有賴彙刻之力。然真偽雜伺。其失亦有數端。漢魏以下。私門著述。黨同伐異。彼此各一是非。好惡相攻。傳之書策。後人以其時代之相近也。乃據以為史。其失一也。輕薄之徒。喜記嘲謔小辯。祖述名士風流。破壞先賢禮法。斯風一翕。束髮之士。競為放誕之行。浮華之習既開。謔浪之風遂盛。其失二也。猥鄙細儒。見聞素狹。鈔輯蕪陋。言無可采。甚至掛漏謬舛。不能自正。亦有取材淵博。摭拾叢殘。蹖駁不精。言多枝葉。其失三也。有此三失。此唐宋說部之書。所由不能與漢魏子書競長也。元明以來。更無論矣。左盦外集卷十三論說部與文學之關係

文學第二十四　外篇十二

(一)讀文集

四庫提要卷一百四十八集部總叙云。古人不以文章名。洎乎漢代。始有詞人。迹其著作。率由追錄。至於六朝。始自編次。唐末又刊版印行。原注事見貫休禪月集序夫自編則多所愛惜。刊版則易於流傳。四部之書。別集最雜。茲其故歟。

章學誠云。集之興也。其當文章升降之交乎。自治學分塗。百家風起。周秦諸子之學。不勝紛紛。然專門傳家之業。未嘗有參差龐雜之文也。兩漢文章漸富。為著作之始衰。然未嘗有彙次諸體。裒焉而為文集者也。自東京以降，訖乎建安、黄初之間，文章繁矣，而文集之名猶未立也。原注：隋志云，別集之名，東京所創，盖未深考。自摯虞創為文章流別，學者便之，於是別聚古人之作，標為別集，則文集之名實仿於晉代。而後世應酬牽率之作，決科俳優之文，亦汎濫横裂，而爭附別集之名，是誠劉略所不能收，班志所無可附，而所為之文，亦矜情飾貌，矛盾參差，非復專門名家之語無旁出也。文史通義文集篇

輶軒語詞章家宜讀專集云：古人名別集，俗稱專集，須取別集觀之，方能得其面目。一集數十百卷，不能一一精美，然必見其疵病處，方知其獨到處也。中材下學古集豈可勝讀？止擇最有名諸大家瀏覽之，取性所嗜者兩

三家熟玩之。可矣。

又云。詩之名家最烜赫者。六朝之陸陶謝鮑庾。唐之李杜韓白。宋之蘇黃陸。金之元。好問明之高啓。李夢陽國初之吳。偉業又如唐之四傑王孟韋柳高岑錢劉孟郊張籍李商隱杜牧宋之歐梅王安石范。元之虞楊吳。明之何景明王世貞李攀龍徐禎卿楊。慎國初之施閏章王士禎朱彝尊查。慎行亦甚表表古文除世稱八家外。唐之元結陸贄劉禹錫孫樵李。翱宋之宋祁張耒葉。適元之姚燧明之王守仁歸有光國朝之方苞姚鼐惲敬包世臣。曾國藩諸家皆宜一覽。

又云。詩文一道。各有面目。各有意境。大家者氣體較大。所造較深。所能較多耳。若謂大家兼有古今之長。此目未見衆集之謬說也。雖杜與韓。豈能盡詩文之能事哉。

又淺學讀文選亦宜看全本云。即擇尤而讀。亦宜覩其原書。若坊刻文選集腋。謅脫瑣碎。首尾不具。掇拾入文。無益有害。

又學選體當學其體裁筆調句法不可徒寫難字云。試看選中詩文前人評論激賞多在空靈波瀾處。至其臚陳物類佶屈聱牙。未聞備道之者。可悟。

又云。選學有徵實課虛兩義。考典實。求訓詁。校古書。此為學計。摹高格。獵奇采。此為文計。生典奇句可用。僻字不可用。

又讀後世詩文選本宜擇善者云。選本文以國朝姚鼐古文辭類篹最爲善本。爲其體例分明。評點精妙。校讎詳審。於此道求深者古文苑唐文粹宜讀宋元明至國朝似此名目選本各有一部餘力博涉可也詩選自唐及今。或各標一派。或各選一體。或求多取備。名目實繁。未爲定衡。通義。惟郭茂倩樂府詩集。源流具在。全唐詩錄宋詩鈔尚不繁重。亦無偏畸。再思其次。則采菽堂古詩選坊行五詩別裁雖有科臼。然平正不入惡道。且寒士易購。可爲學津梁。若欲以詩文名家。總宜博覽。徒恃選本無益也

又云。姚選若不易得。亦宜就各選本中。視其篇幅稍多。而又多有博大文字者讀之。如古文雅正續古文雅正唐宋十大家元明十大家儲選七種古文眉詮之類。林西仲選本不好若觀止釋義。太陋不足用。

曰學文方法

蘇軾云。頃歲孫莘老識歐陽文忠公。嘗乘閒以文字問之。云。無他術。唯勤讀書而多為之自工。世人患作文字少。又懶讀書。每一篇出。即求過人。如此少有至者。疵病不必待人指摘。多作自能見之。此公以其嘗試告人。故尤有味。志林

姚鼐云。大抵學古文者。必要放聲疾讀。又緩讀。祇久之自悟。若但能默讀。即終身作外行也。惜抱軒集與陳碩士書

又云。文章之事。有可言喻者。有不可言喻者。韓柳諸公所言論文之旨。彼固無欺人語。後之論文者。豈能更有以踰之哉。若乎不可言喻者。則在乎久為之自得而已。

震川有史記閱本。於學文者最有益。圈點極發人意。有愈於解說者矣。可借一部臨之。熟讀。必覺有大勝處。（同上答徐季雅書）

章學誠云。偶於良宇案間見史記錄本。取觀之。乃用五色圈點。各為段落。反覆審之。不解所謂。詢之良宇。啞然失笑。以謂已亦厭觀之矣。其書云出前明歸震川氏。五色標識。各為義例。不相混亂。若者為全篇結構。若者為逐段精彩。若者為意度波瀾。若者為精神氣魄。以例分類。便於拳服揣摩。號為古文祕傳。前輩言古文者。所為珍重授受。而不輕以示人者也。余謂學文之事。可授受者規矩方圓。其不可授受者心營意造。至於纂類摘比之書。標識評點之册。本為文之末務。不可揭以告人。祇可用以自誌。蓋恐古人無窮之書。而拘於一時有限之心手也。時文當知有法度。古文亦當知有法度。時文法度顯而易言。古文法度隱而難喻。能熟於古文。當自得之。執古文而示人以法度。則文章變化。非一成之文所能限也。歸震川氏取史記之文。五色標識。以示義法。今之通人。如聞其事。必竊笑之。余不能為歸氏解也。然為不知法度之人言。未嘗不可資其領會。特不足據為傳授之祕爾。夫書之難以一端盡也。仁者見仁。智者見智。詩之音節。文之法度。君子以謂可不學而能。如啼笑之有收縱。歌哭之有抑揚。必欲揭以示人。人反拘而不得歌哭啼笑之至情矣。然使一己之見。不事穿鑿過求。而偶然瀏覽。有會於心。筆而誌之。以自省識。未嘗不可資修辭之助也。乃因一己所見。而謂天下之人。皆當範我之心手焉。後人或我從矣。起古人而問之。乃曰。余之所命。不在是矣。毋乃冤歟。

文史通義 文理篇

崇實第二十五　外篇十三

顧炎武云。唐宋以下。何文人之多也。固有不識經術。不通古今。而自命為文人者矣。韓文公符讀書城南詩曰。文章豈不貴。經訓乃菑畬。潢潦無根源。朝滿夕已除。人不通古今。馬牛而襟裾。行身陷不義。况望多名譽。而宋劉摯之訓子孫。每曰。士當以器識為先。一號為文人。無足觀矣。然則以文人名於世。焉足重哉。此揚子雲所謂摭我華而不食我實者也。黄魯直言。數十年來。先生君子。但用文章提獎後生。故華而不實。本朝嘉靖以來。亦有此風。而陸文裕（原注深）所記劉文靖（原注健）告吉士之言。空同（原注李夢陽）大以為不平矣。（原注見停驂錄）○日知錄卷十九文人之多

輶軒語讀古集宜知體要云。凡集中有奏議考辨記傳
文字中有實事者。須詳覽之。往來書牘中有實事者其刻書序詳載緣起者同
餘鑿空立論。流連風景之作。不必措意。能知體要則讀文集有益於經
史子
又讀國朝人文集有實用勝於古集云。方苞全祖望杭世駿
袁枚彭紹升李兆洛包世臣曾國藩集中多碑傳誌狀。可考當代
掌故。前哲事實。朱彝尊盧文弨戴震錢大昕孫星衍顧廣圻阮元錢
泰吉集中多刻書序跋。可考學術流別。羣籍義例。朱彝尊錢
大昕翁方綱孫星衍武億嚴可均張澍洪頤煊集中多金石跋文。可
考古刻源流。史傳差誤。此類甚多。可以隅反。
又讀昭明文選宜看注云。李善注最精博。所引多古書。

不獨多記典故。於考訂經史小學。皆可取資。不知選注之用者。不得爲選學。

戒妄第二十六

顧炎武云。嘗謂今人纂輯之書。正如今人鑄錢。古人釆銅於山。今人則買舊錢名之廢銅。以充鑄而已。所鑄之錢既已麤惡。而又將古人傳世之寶。舂剉碎散。不存於後。豈不兩失之乎。（亭林文集卷四與人書十）

又云。宋人書如司馬温公資治通鑑。馬貴與文獻通考。皆以一生精力成之。遂為後世不可無之書。而其中小有舛漏。尚亦不免。若後人之書。愈多而愈舛漏。愈速而愈不傳。所以然者。其視成書太易。而急於求名故也。（日知錄卷十九著書之難）

又云。文之不可絕於天地間者。曰明道也。紀政事也。察民隱也。樂道人之善也。若此者有益於天下。有益於將來。多一篇多一篇之益矣。若夫怪力亂神之事。無稽之言。勦襲之說。諛佞之文。若此者有損於己。無益於人。多一篇多一篇之損矣。日知錄卷十九文須有益於天下

陳澧云。予豈好辯哉。予不得已也。莊子云。知士無思慮之變則不樂。辯士無談說之序則不樂。察士無淩誶之事則不樂。徐无鬼此則得已而不已者也。得已而不已。故天下之書汗牛充棟也。東塾讀書記卷三

輶軒語戒輕言著書刻集云。士生今日。典籍甚備。但當讀書耳。讀且不能盡。名且不悉知。何暇言著書哉。四部九流。各種學問。專家成書。已如煙海。今人偶有所得。早

為前人道及。甚至久為前人唾棄而駁正之矣。尚津津然筆之於書乎。經學尤不可輕言著述。徒為通人所訶而已。必能積（精）通專門之學。讀盡專門之書。真有所見。出乎其外。方可下筆。至如詩文集。古人名家太多。當世識者亦不少。末學下士。既無根柢。又鮮功力。學作之則可。勿輕言刻集行世也。

又戒自居才子名士云。文學之道。先貴誠篤。世有聰明淳薄之人。能作淺薄詩數首。略說（記）僻冷書數語。便兀奡放蕩乖僻不情。自名為才子名士。不惟見笑大方。一染此種氣習。終身不可入道。夫高陽才子。諸葛名士。果是何等人物。乃以纖人冒居。致令世俗詬病。視才子名士為一等極可憎之人。累及嘉名。深可疾也。

說文、才草木之初也、與材通、本就草木之質言、舜所舉十六族有德有用、如良材美器、故謂之才子、舜流四族、敗類害物、如惡木毒草、故謂之不才子、後世但以能文者為才子、失之遠矣、月令聘名士禮賢者、正義引蔡中郎說、名士者、謂其德行貞絕、道術通明、賢者、名士之次、其推崇如此、近世直視為江湖游客而已、

經學常談

自序

昔管公明（辂）为何平叔（晏）说《孝经》「高而不危」及《易》「谦」「壮」两卦，邓飏谓之「老生常谭」（《魏志·方技传》）。是谈经为常谈，从古便是这种看法。经书里的许多道理，中国人以为常，或者外国并不以为常。不习惯于听常谈的中国人，会按照全盘西化的常规，把经学讲成非常可怪的一种学说的。「常谈者见不谈。」（亦《方技传》载管辂语）这种非常可怪的经学，只有祝愿它赶快收起，不谈为妙！

这本小册子用常谈谈经，目的在讲点经学的基础常识，让我国青少年像中国人［应该的］那样去了解点经学，这或许是从历史发展的角度去懂点国情之一助吧。全书分为四个部分：

一、《引言》，讲明什么是经学，何以要学点经学这些一般的道理。

二、《分论》，按《易》《书》《诗》《礼》《春秋》的习惯次第，对各种经书，讲明它的特征和所应注意的事项。

三、《通说》，讲了点关于经学的一般常识。

四、《经话新编》，提供一些零星的经学资料，也讲了点关于经学研究应该注意的问题。

老生常谈，所以力求浅易。没有什么高深的理论，也不提出什么奥妙的问题，但愿读者一览之后知道点经学常识而已。

经书是经儒学宗师孔子整理过的古代典籍，里面所包含的民族习俗、原始宗教以及古代传说、社会政治学说理论等等，世界各民族与之共同的地方是有的，与之差异很大的地方也是有的。比较研究不妨，附会牵合却窃窃以为不可。对于今天有用是肯定的，对于今天有碍恐也不免。凡是先定调子，强不知以为知，都不是实事求是的科学态度。我的水平不高，但常谈还可以试为。古人说：『幼童而守一艺，白首而后能言。』该我讲点给年轻人听的时候了。『陈力就列，不能者止』。我能讲的很有限，不敢勉强，更不敢无知而妄说。

辛未重午，七十八叟成都屈守元

引言

什么是经学

先谈一谈什么是经。经指儒家传习的经典。经的原始含义，章炳麟《国故论衡》卷中《文学总略》里讲得很清楚，他说：

> 书籍得名，实冯傅（凭附）竹木而起。……世人以「经」为常（《广雅·释训》），以「传」为转（《释名·释书契》），以「论」为伦（《释名·释典艺》），此皆后儒训说，非必睹其本真。

他认为：

> 「经」者，编丝缀属之称，异于百名以下用版者，亦犹浮屠书称「修多罗」。修多罗者，直译为线，译义为经。盖彼以贝叶成书，故用线联贯也；此以竹简成书，亦编丝缀属也。
>
> 「传」者，专之假借。《论语》「传不习乎」，《鲁》作「专不习乎」（《释文》引郑玄注）。《说文》训「专」为「六寸簿」（《寸部》）。簿即手版，古谓之忽（今作笏）。

> 专之得名，以其体短，有异于『经』。郑康成《论语序》云：《春秋》二尺四寸，《孝经》一尺二寸，《论语》八寸（此节引郑序佚文，有宋翔凤辑本，见刘宝楠《论语正义》附录）。此则『专』之简策，当复短于《论语》，所谓『六寸』者也。
>
> 『论』者，古但作仑，比竹成册，各就次第，是谓之仑。

以上是章氏按照『书籍得名凭附竹木』，这一古代典籍的称呼，都有它的物质基础这个原则，提出『经』『传』『论』诸种名目的原始含义。这种说法，是符合科学的。

由此可见，『经』即指大型典籍（以二尺四寸的典籍为主），经学即是研究大型典籍之学。这些大型典籍，是经过以孔子为宗师的儒家整理而流传下来的。

本来除儒家以外，墨、名、法、道诸家，都拥有这样的典籍，而现在流传的却是经过儒家整理，与各家学派传习的不尽相同。

儒家学派被历代的统治者尊为正宗学派，其宗师孔子又被尊奉为圣人，所以儒家传习的典籍，特用二尺四寸的大型简册来书写，尊为经典。这种大型经典，奉为不可改变的常法，所以经典有常道（五常、伦常，都用常字）、法典一类的含义，这实是它抽象化了的引申义。

经学就其原始的意义讲，实具有文献学的特征。不过，这些文献是被历代统治者尊奉为经典的文献，所以它被涂抹上了神秘的色彩。

最早的儒家经典，便是经过孔子整理，用来传授弟子的教材。这些教材，包括当时政治、学术、文化、科技的全部知识。

《易》以神学—哲学为主要内容。

《书》以上古历史及上古王朝的教令、文告为主要内容。

《诗》以文学艺术（包括诗歌、音乐、舞蹈；《乐经》无书，实际上散入《诗》和《礼》）为主要内容。

《礼》以民俗、法制为主要内容（包括音乐理论，还有科技方面的东西，特别是《周礼·考工记》）。

《春秋》以史事、史料为主要内容（包括孔子对于史事的褒贬、评论）。《春秋》与《书》不同，《书》属上古史，《春秋》属那时的近、现、当代史。

儒家是学派，不是宗教，经学更不是神学。

古代经学概况

儒家经典内容广博，历代（主要是从汉以后）统治者因此大大地利用了这样的文献，重视研究这种文献的学科——经学。中国古代学术于是形成了以经学为主、特别尊经的特点。从汉以来，知识分子的精力，大都使用在经学上。所谓『幼童而守一艺，白首而后能言』《汉书·艺文志》。

时代的变化、民族文化相互交流的影响，经学也有很大的变化，也有若干次重大的改革，形成了各种流派。古代的各种政治主张、各种学术见解，也往往托原或者附会于经学。

古代史籍重视经学，记录了经学的发展，也为经学各个流派中的代表人物写了传记。正史中，除《三国志》《宋书》《南齐书》《旧五代史》《新五代史》外，都有《儒林传》或《儒学传》，记载经学研究者及经典传习情况。《宋史》还有《道学传》，所记亦即当时的经学新派。《二十四史》以外，《新元史》和《清史稿》，也有《儒林传》。至于《宋元学案》（一百卷，黄宗羲著，全祖望增补）、《明儒学案》（六十二卷，黄宗羲著）、《汉学师承记》（八卷，附《宋学渊源记》二卷，江藩著）一类书，更是属于专门记载儒学、经学的史籍了。

关于经学著作，从第一部目录书《七略》——《汉书·艺文志》起，即有详尽的著录。《七略》（即《汉志》）首列《六艺略》，共著录了一百零三家，二千一百二十三篇，占《七略》全部作者六百七十七家的百分之十五，全部著作一万二千九百五十一篇的百分之二十四。

以后的目录，从荀勖《中经簿》起，『经部』在『四部』中总占第一部（甲部）。清代所修的《四库全书》中，『经部』书六百九十三部，占全书总数三千四百三十一部的百分之十九点九；共有卷数一万零五十卷，占全书总卷数七万九千二百八十一卷的百分之十二点六。

清初朱彝尊作《经义考》，把他所知道的历代经学著作，分『存』『阙』『佚』『未见』进行著录，仅写了各书解说，便成书三百卷。

历代经学著作佚亡的不少，譬如唐以前的许多著作，都因《释文》《正义》流行，便没有什么人传习了（那些著作的主要内容都被《释文》《正义》所采用）。大抵有材料的尚可传远，凿空评论，反复剿袭的所谓『著作」，寿命往往是短暂的。

专辑经学著作的丛书也不少，以《通志堂经解》（纳兰性德辑刊）、《皇清经解》（阮元辑刊）及其《续编》（王先谦辑刊）为最著。《通志堂经解》一百三十九种，一千七百八十一卷，主要是宋儒学派的著作。《皇清经解》一百九十种，一千四百六十八卷；《皇清经解续编》二百零九种，一千四百三十卷，都是清代汉学（朴学）家的著作。

历代经学著作，还有待于进一步整理、总结。从现存古籍的各种门类讲，经学是古籍中数量最大的一个学科门类。

为什么要了解点经学

经学与传统文化的关系

中华民族的传统文化，无论风俗、习惯，属于民俗范围的；道德、伦常，属于观念形态的，都与经学有一定的关系。这些方面的内容，当然不都是精华，不必推为「国粹」，但也不全是糟粕，更不可以一律指为「劣根性」。对于传统的一切，都要作具体的分析：哪些该继承，哪些该扬弃；哪些该发展，哪些该改革。

鲁迅所提出的「拿来主义」，要求我们「运用脑髓，放出眼光，自己来拿」（《且介亭杂文》）。「自己来拿」，就必须了解那个作为批判地继承的对象，就要学点经学。「自己来拿」，就不能道听途说，人云亦云；只有『运用脑髓，放出眼光』，即体验实践，弄清底细，了解实情，才能有真知灼见。我们祖国历史悠久，遗产丰富，而经学更是它的有特殊影响的一部分，怎么能不了解一点呢？

经学与阅读、整理古代典籍的关系

古人说：『穷经为读书之本。』这句话不完全正确，可是，如果从阅读古代典籍的基础知识这一角度来理解，则不能说没有道理。中国古代士人都是读过经书的，所以他们的著述，无论内容、形式以至选词、用典，总离不开经书。现在有所谓『红学家』，不懂《红楼梦》旧评中的『棠棣之威』（出《诗经·小雅·棠棣》）、『豫大丰亨』（出《易经》『豫』『丰』），不能断句，闹出不能容忍的大笑话（见《红楼梦研究集刊》第二辑），便是个典型的例子。

不管你对于经书的评价怎样，但古代文人，包括写白话小说的曹雪芹、评论《红楼梦》的脂砚斋主人以及写《啸亭杂录》的昭梿，都是熟读《五经》《四书》的，你不通经，怎么会和他们有共通语言？怎么会理解他们的著作？缺乏通经这种基础知识，要打起研究传统文化的旗号，不闹笑话，才是怪事！

有些人动辄批评古人，轻易评论传统文化，然而连古人说的什么都不懂，古人的话从哪儿来的也没有弄清楚，你的批评，你的辩论，怎么能令人信服呢？这就是标准的『无实事求是之意，有哗众取宠之心』。

因此研究传统文化，学习古代文学、古文献学、古代文化史，有个前提，就是要了解点经学，打好基础。从这个角度来理解『穷经为读书之本』，是有它的道理的。

关于「通经致用」

「通经致用」，是汉代今文学家提出的口号，皮锡瑞《经学历史》卷三专谈到这点。「致用」应该怎么理解，值得研究。皮锡瑞说：

武宣之间，经学大昌，家数未分，纯正不杂，故其学极精而有用。以《禹贡》治河，以《洪范》察变，以《春秋》决狱，以《三百五篇》当谏书，治一经得一经之益也。

皮锡瑞所举的这几个例子，可以一一考查：

「以《禹贡》治河」，是指的平当的事。据《汉书·隽疏于薛平彭传》，平当「以明经为博士」，又说：

当以经明《禹贡》，使行河，为骑都尉，领河堤。

《沟洫志》说：

哀帝初，平当使领河堤，奏言：九河今皆置灭，按经义治水，有决河深川，而无堤防雍塞之文。

这就是平当以《禹贡》治水的具体主张。这种主张显然是硬搬《禹贡》教条，所以王先谦的《汉书补注》即作了评论说：

> 当言可谓明《禹贡》矣，然与后世筑堤束水、借水刷沙，情势又自不同。

「以《洪范》察变」，是指的刘向的事，《汉书·楚元王交传》说：

> 向见《尚书·洪范》箕子为武王陈五行阴阳休咎之应，向乃集合上古以来，历春秋六国至秦汉符瑞灾异之记，推迹行事，连传祸福，著其占验，比类相从，各有条目。凡十一篇，号曰《洪范五行传论》，奏之。

《洪范五行传论》，即今《汉书》的《五行志》。至多只能说他假借天灾变异的状况，向罪恶的统治者提出些告诫而已，所谓「察变」云云，完全是无知的迷信。

「以《春秋》决狱」，指的是董仲舒的事。《汉书·艺文志》的《春秋类》有《公羊董仲舒治狱》十六篇，《董仲舒传》说：

> 仲舒在家，朝廷如有大议，使使者及廷尉张汤就其家而问之，其对皆有明法。

齐召南、钱大昭都指出，董仲舒的对答问题即是《公羊春秋治狱》一书，其书《通典》及《太平御览》还有引用，《玉函山房辑佚书》曾辑其佚文。不顾当时法律，一味按《春秋》推理，任情轻重，直是为历史上有名的酷吏张汤杀人张目。

『以《三百五篇》当谏书』，指的是王式的事。《汉书・儒林传》说：

> 式为昌邑王师。昭帝崩，昌邑王嗣立，以行淫乱废。昌邑群臣皆下狱诛。唯中尉王吉、郎中令龚遂，以数谏减死论。式系狱当死，治事使者责问曰：师何以无谏书？式对曰：臣以《诗》三百五篇朝夕授王。至于忠臣孝子之篇，未尝不为王反复诵之也。至于危亡失道之君，未尝不流涕为王深陈之也。臣以《三百五篇》谏，是以无谏书。使者以闻，亦得减死论。

从这个故事看，所谓『以《三百五篇》当谏书』，不过是王式为自己的死罪辩解。如果《诗》三百五篇真起到了谏书的作用，昌邑王就不会那样荒淫无道了。所有这些例子，都不能证明『通经』可以『致用』。

章炳麟对于『通经致用』之说，曾予以有力地驳斥，他说：

> 西京之儒，其诵法既狭隘，事不周浃，而比次之，是以龋差失实，犹以师说效用于王官，制法决事，兹益害也！杜、贾、马、郑之伦作，即知『抟国不在敦古』（语见《管子・霸言》）；博其别记，稽其法度，覈其名实，论其社会，以观世，而六艺复返于史，神话之病，不渍于今。其源流清浊之所处，风化芳臭气泽之所及，则昭然察矣。（《訄书・清儒》）

又说：

旧章诚不与永守，政不骤革，斟酌向今，未有不借资于史。先汉之史则谁乎？其惟姬周旧典见于六籍者，故虽言通经致用，未害也。迁、固承流，而继事相次十有余家，法契之变、善败之数则多矣，犹言通经致用，则不与知六籍本意！（《检论·订孔上》）

又说：

《春秋》断狱，《禹贡》治河，《三百五篇》当谏书，无过以典训缘饰，不即曲学干禄者为之。汉之循吏吴公、张释之、朱邑、黄霸，少驽如韩延寿，皆以刀笔长民，百姓戴德。仲舒乃为张汤增益苛碎，尝仕江都，民无能称，侔于千驷。此则经术致用，不如法吏，明矣！仆谓学者将以实事求是，有用与否，固不暇计。求六艺者，究其一端，足以尽形，寿兼则倍是。泛博以为用，此谓九能之士，不可言学。近世翁同龢、潘祖荫之徒，学不覃思，徒据掎《公羊》，以为奇觚。金石刻画，厚自光宠，然尚不敢言致用。康有为喜傅会，媚以拨乱之说，又外窃颜李为名高，海内始彬彬向风。其实自欺！诚欲致用，不如掾吏识形名者多矣！学者在辨名实，知情伪，虽致用不足尚，虽无用不足卑。（《文录》卷二《与王鹤鸣书》）

早于章炳麟二百年的章学诚（一千七百三十八——一千八百零一）曾说：「六经皆史也。」（《文史通义·易教上》）章炳麟基本上依据这个观点来评价儒家经典的。他认为自从司马迁作《史记》、班固作《汉书》以来，历史典籍已连续不断地出现，法制习俗既有改变，成功失败的经验也层出不穷，要讲「致用」，就不仅仅是「通经」而已。清末的经今文学家所喧嚣一时的「通经致用」，不过是维新派政治家的需要，也即康有为所谓「托古改制」的一个内容。不过「以典训缘饰」，附和的人甚至于有些「曲学干禄者」。章炳麟把「通经致用」这种口号的政治背景及其局限，可以说是讲得很清楚了。

康有为鼓吹「通经致用」，到后来竟自上书黎元洪、段祺瑞，主张在宪法上明定孔教为「国教」（章炳麟有《驳建立孔教议》，在《文录》卷二），并主张全国学校尊孔读经，而他自己却成为「复辟」的顽固派了。章炳麟说：

学者将以实事求是，有用与否，固不暇计。

这个话是有一定的科学精神的。

批判地继承传统文化遗产，经书和历代经学著述，要算一个重要的方面。毛泽东同志说：

从孔夫子到孙中山，我们应当给以总结，承继这一份珍贵的遗产。这对于指导当前的伟大运动，是有重要帮助的。（《中国共产党在民族战争中的地位》）

如果说「通经致用」，恐怕只能从这个意义上来进行探讨。经书和历代经学著述，作为历史资料，作为传统文化遗产，它对于我们有历史的认识作用，也有当前的借鉴作用，那是合乎实际的。我们应对它加以科学的整理，并用马列主义的方法对其进行分析、批判，从而为我所用，而食古不化，或者片面地强调「立竿见影」的「效益」，都不足取！

分论

易

《易》——《周易》，相传是上古「三易」之一（「三易」见《周礼·春官·大卜》，一曰《连山》，二曰《归藏》，三曰《周易》）。郑玄说「周」是「《易》道周普，无所不备」的意思，孔颖达不取此说，认为「周取岐阳地名」，「《易纬》云「因代以题周」是也」（《周易正义序·第三论三代易名》）。「易」，据《易纬乾凿度》说：

> 一名而含三义，所谓易也（此「易」指「简易」，见郑玄《易赞》及《易论》），变易也，不易也。

孔颖达取「变易」之义，云：

> 夫易者，变化之总名，改换之殊称。（见《周易正义序·第一论易之三名》）

现传的《周易》分为上、下经。六十四卦中，《乾》《坤》到《离》《坎》三十卦为上经；《咸》《恒》到《既济》《未济》三十四卦为下经。《周易正义序·第五论分上下二篇》曾讲了一些理由，颇为神秘。

卦是以阴（⚋）、阳（⚊）二爻（即两种符号）组成。一卦本是三爻，阴爻阳爻相乘（二乘二乘二，即二的立方），共成八卦，乾☰、坤☷、离☲、坎☵、兑☱、巽☴、震☳、艮☶是也。八卦相重（八乘八），遂成六十四卦（关于重卦，可看《周礼·春官·大卜》的贾公彦疏）。

三爻的卦是谁人画的，相传以为伏羲；重卦的人就有各种说法：王弼等以为伏羲，郑玄等以为神农，孙盛以为夏禹，司马迁等以为文王。这些传说，都只能供参考（见《周易正义序·第二论重卦之人》）。

六十四卦，每卦有《卦辞》；一卦六爻，每爻有《爻辞》（阴爻称「六」，阳爻称「九」。每卦从下数上，第一爻为「初」，第六爻为「上」，其余为二、三、四、五）。《卦辞》《爻辞》为《周易》上、下经的正文。《卦辞》《爻辞》的作者，有说是周文王（史迁及郑学之徒），又有说文王作《卦辞》，周公作《爻辞》（马融、陆绩等）。这些都只能看作传说（见《周易正义序·第四论〈卦辞〉〈爻辞〉谁作》）。

《周易》文字，除《卦辞》《爻辞》以外，便是所谓「十翼」：《彖辞上》《彖辞下》《象辞上》《象辞下》《系辞上》《系辞下》《文言》《说卦》《序卦》《杂卦》。《彖》《象》今本皆依《卦》《爻》分入上、下经（是谁人分入的，说法不一，有说是郑玄分入的，《坤》以下《象》又分入各《爻》，据孔氏《正义》说是王弼所为）。《文言》只《乾》《坤》二卦才有，也分附二卦（据说也是郑玄分附）。「十翼」相传是孔子所作（《周易正义序·第六论夫子「十翼」》）。研究《周易》，「十翼」是最重要的材料。陈澧谓费直以「十翼」解经是千古治《易》之准的（《东塾读书记》卷四）。

《周易》的传授，可以看《史记》及《汉书》《后汉书》的《儒林传》。西汉传《易》的今文学家主要是施雠、孟喜、梁丘贺和京房等，古文学家则有费直。后汉、三国时代为《易》作注的有郑玄、荀爽、虞翻诸家，而王弼注另辟蹊径。在南北朝时，便只有郑玄、王弼两家盛行。实际上南朝从宋颜延之以后都尊奉王注，北朝郑、王并行，王注的势力也不小（参看王应麟《困学纪闻》卷一及余嘉锡《四库提要辨证》卷一）。到唐代修《五经正义》，《周易》采用王注（《系辞》以下无王注，即用韩康伯注），其他各家遂渐佚亡。唐李鼎祚《周易集解》还保留了不少王注以外的各家注（共三十五家），是了解唐以前《易》注的重要资料。

汉儒言《易》，专以象数、卦气，附会灾祥祸福，虽郑玄也不免。王弼始摆脱这些束缚。黄宗羲《易学象数论》云：

> 王辅嗣注《易》，得意忘象，得象忘言（用王弼《易略例》语），日时岁月，五气相推，悉皆摈落。顾论者谓其以《老》《庄》解《易》。试读其注，简当而无浮气，何曾笼络玄言？故能远历于唐，发为《正义》，其廓清之功，不可泯也！

这是比较恰当的评论。宋儒大讲《易》图，使《易》又蒙上宗教神秘色彩。清儒反对《易》图，复从《周易集解》摭拾荀、虞碎义。《周易》如何研究，恐怕走王弼从哲理方面入手是条正路。不过，『《易》道深矣』（《汉书·艺文志》），研究起来，容易成为浮谈。梁代『《庄》《老》《周易》，总谓「三玄」』，元帝萧绎，酷爱讲授，颜之推说：

> 吾时颇预末筵，亲承音旨，性既顽鲁，亦所不好云。

《颜氏家训·勉学篇》《北齐书·文苑传》也说之推『虚谈非其所好』，颜之推对待这种玄虚之学的态度，是值得我们思考的。

王应麟《困学纪闻》卷一说：『程子谓学《易》先看王弼。』是宋儒也重视王注。今王注（包括韩注）单行本（可用《相台五经》本）附有《略例》（唐邢琦注），而注疏本（《十三经注疏》本包括王、韩注、陆德明

《释文》、孔颖达《正义》）没有。读注疏本可不要忘记找《略例》一读，那是很重要的《周易》论文。

王注、孔疏以外，可以读李鼎祚《周易集解》（有《古经解汇函》本）。

宋儒《易》学著作，重要的在《通志堂经解》中；清儒的则在《清经解》和《清经解续编》中。

书

《书》——《尚书》，据说，『以其上古之书，谓之《尚书》』（此伪孔安国《尚书序》说，孔颖达《正义》以此为伏生之义，并谓『尚』字伏生所加。《正义》又引马融说，略同伏义；王肃则以为『上所言，史所书』；郑玄据《尚书璇玑钤》，谓孔子加『尚』字，所以尊之）。《汉书·艺文志》认为《书》本是古代的号令，号令必须是『立具』的口语，听众才能知晓，所以要『解古今语』方能读懂它。

《尚书》的流传与现存的本子，情况很复杂。据传，孔子删定从唐、虞到秦穆（周末）的典、谟、训、诰、誓、命为一百篇。汉初已残阙不全，济南伏生（名胜），本秦博士，汉文帝时已九十余岁，传出二十八篇（《史》《汉》《儒林传》都说是『诏太常使掌故朝错往受之』，颜师古《汉书注》引卫宏《古文尚书序》说是伏生老『不能正言』，使其女『传言』教错），因为当时用通行隶书记录，所以叫作《今文尚书》。

景帝时，鲁恭王在孔子宅的壁中得到比《今文尚书》多十六篇的《古文尚书》（用古籀字书写）。武帝天汉中（前100—前97，距书出时几近六十年），孔子后人孔安国始上于朝，遭巫蛊事（巫蛊事在征和元、二年，即前92、前91），未得施行。

到东晋元帝时（317—322，距孔壁初出时已四百余年），豫章内史枚（此据《经典释文·序录》，《正义》引《晋书》作『梅』）赜，忽然奏上有孔安国作《传》的《古文尚书》，比伏生所传的二十八篇多出二十五篇：

一、《大禹谟》。二、《五子之歌》。三、《胤征》。四、《仲虺之诰》。五、《汤诰》。六、《伊训》。七至九、《太甲》上中下三篇。十、《咸有一德》。十一至十三、《说命》上中下三篇。十四至十六、《泰誓》上中下三篇。十七、《武成》。十八、《旅獒》。十九、《微子之命》。二十、《蔡仲之命》。二十一、《周官》。二十二、《君陈》。二十三、《毕命》。二十四、《君牙》。二十五、《冏命》。

这个《古文尚书》所增多的二十五篇和孔安国的《传》，一直有人怀疑，但唐代的《经典释文》和《五经正义》都采用了这传本，于是沿习下来。清代阎若璩写《尚书古文疏证》，罗列一百二十八条证据（今传本《疏证》有阙文），断定二十五篇和孔《传》都出于晋人伪作，这就成为铁的定案。所以一般使用这个本子，对于伪作的二十五篇都称为『伪古文』，这个本子称为『伪孔本』，所谓孔安国的《传》也称为『伪孔《传》』。

现传的《尚书》，除上列二十五篇为伪书外，还从《尧典》分出《舜典》（梁代姚方兴所得的《舜典》篇首二十八字，也是伪造，唐代《正义》本以后，这二十八字也加进去了），《皋陶谟》分出《益稷》，《盘庚》一篇分为三篇，《顾命》分出《康王之诰》，所以现传《尚书》为五十八篇。这五十八篇，计有《虞书》五篇、《夏书》四篇、《商书》十七篇、《周书》三十二篇。《虞书》《夏书》分为两部，也是造伪孔本者所为，汉儒传本都是叫《虞夏书》。

上面所叙述的《尚书》的真伪问题和今古文流传情况，是尽可能地求其简要。要进一步了解这个问题，必须细读阎若璩《尚书古文疏证》（有《清经解续编》本）；略知大要，则可参阅吴承仕《经典释文序录疏证》。

唐宋以后有关注解和研究《尚书》的著作，都依据的是伪孔本。宋人蔡沈《书集传》是影响较大的注解本（有江宁局、武昌局等处刻本）。

阎若璩《尚书古文疏证》出后，也有人为伪孔本翻案，如毛奇龄的《古文尚书冤词》，但清儒著作多是钩稽马、郑旧义，江声的《尚书集注音疏》、王鸣盛的《尚书后案》、段玉裁的《古文尚书撰异》、孙星衍的《尚书今古文注疏》为具有代表性的几部。他们的共同特点，都是排斥伪孔《传》，却因此出现了不少的问题。章炳麟说：

> 今人知伪孔之非，为训说以更之者数家，猝然遇章句蹇棘，终已不能利解；就解其一二语，首尾相次，竟不知说何事。此有以愈于伪孔乎？无有也！（《汉学论下》）

其实只要知道伪孔本、伪孔《传》是晋代人所作，晋人见到汉魏人的资料不少，在指出它是伪造的同时，何尝不可以利用它呢？焦循《尚书补疏叙》说：

> 东晋晚出《尚书孔传》，至今日稍能读书者皆知其伪。虽然，其增多之二十五篇伪也，其《尧典》以下至《秦誓》二十八篇固不伪也。则试置伪作之二十五篇，而专论其不伪之二十八篇，且置其为假托之孔安国，而论其为魏晋间人之《传》，则未尝不与何晏、杜预、郭璞、范宁等先后同时，晏、预、璞、宁之《传》《注》可存而论，则此《传》亦何不可存而论？

陈澧极称此为『通人之论』（《东塾读书记》卷五），王先谦据此为《尚书孔传参证》（长沙思贤讲舍本）。平心而论，不仅不伪之二十八篇其《传》不应一切排斥，即伪作之二十五篇，亦当有个正确的估价。王懋竑《白田草堂存稿·论〈尚书〉叙录》云：

> 东晋所上之书，疑为王肃、束皙、皇甫谧辈所拟作。其时未经永嘉之乱，古书多在，采摭缀缉，无一字无所本。特其文气缓弱，又辞意不相连属，时事不相对值，有以识其非真。而古圣贤之格言大训，往往在焉，有断断不可以废者。

这也是比较通达的评论。

因此，现在读《尚书》仍然应该从伪孔《传》、陆氏《经典释文》、孔氏《正义》（即《十三经注疏》本）入手，但必须知道哪些是伪篇，这是起码的常识。

诗

《诗》——《毛诗》（四家诗今惟存《毛诗》，说见下），据《史记·孔子世家》载：

> 古者《诗》三千余篇，及至孔子，去其重，取可施于礼义，上采契、后稷，中述殷、周之盛，至幽、厉之缺。始于衽席。故曰：《关雎》之乱，以为《风》始，《鹿鸣》为《小雅》始，《文王》为《大雅》始，《清庙》为《颂》始。三百五篇，孔子皆弦歌之，以求合《韶》《武》《雅》《颂》之音。

这里说孔子删《诗》，又编定《风》《小雅》《大雅》《颂》的分类、篇什次序，而删《诗》和编《诗》的标准，则是以礼义核其内容，以弦歌考其音律。这些说法，都有不同的意见，但这是史籍最早的记载。

现传《毛诗》正分《风》《小雅》《大雅》《颂》四个部分，它的编次，当即《史记》所说由孔子纂定的。《风》，有十五《国风》：《周南》十一篇、《召南》十四篇、《邶风》十九篇、《鄘风》十篇、《卫风》十篇、《王风》十篇、《郑风》二十一篇、《齐风》十一篇、《魏风》七篇、《唐风》十二篇、《秦风》十篇、《陈风》十篇、《郐风》四篇、《曹风》四篇、《豳风》七篇，共一百六十篇。《毛诗序》（即《关雎序》，或称《诗大序》）说：『风，讽也。』（『讽』字据《释文》引崔灵恩《集注》本订。孔氏《正义》云：『风训讽也。』是其本亦作『讽』。今本作『风』，非是）讽即讽诵，口头吟咏，不一定用乐器伴奏，这是民歌的特色，也是『风』的音乐特征。

《雅》分《小雅》《大雅》，它的组织一般是以十篇为一什（《小雅》的最后《鱼藻之什》为十四篇，《大雅》的最后《荡之什》为十一篇）。计《小雅》七什：《鹿鸣》《南有嘉鱼》《鸿雁》《节南山》《谷风》《甫田》《鱼藻》，共七十四篇。《大雅》三什：《文王》《生民》《荡》，共三十一篇。《雅》诗总共一百零五篇（《小雅》里有『有义无词』的《南陔》《白华》《华黍》《由庚》《崇丘》《由仪》六篇，未计入）。《毛诗序》说：『雅者，正也。』正指正声，也是音乐上的概念。郑玄《小大雅谱》说：

> 《小雅》《大雅》者，周室居西都丰镐之时诗也。

郑玄《诗谱》全书已亡，今其序及各谱说，尚有孔氏《正义》所采用者在。

周中央王朝国都所在地的声腔，所以称为『正』。其实『雅』（今字作鸦）即是『乌』，李斯说的『歌呼乌乌快耳』的『秦之声』（见《史记·李斯传》），便是『雅』这种声腔的准确解释，周的西都丰镐即在秦地（说见章炳麟《文始》卷五）。

大、小《雅》的区别，在于使用这些声腔的等级及其场合，郑玄《小大雅谱》说：

> 其用于乐，国君以《小雅》，天子以《大雅》，然而飨宾或上取，燕或下就。

当时的制度，究竟是怎样的呢？郑玄说：

> 此其著略，大校见在书籍，礼乐崩坏，不可得详。

只要知道它的区别，不一定是什么「政有小大」（《毛诗序》语），也就可以了。

《颂》包括《周颂》《鲁颂》和《商颂》，计《周颂》三十一篇、《鲁颂》四篇、《商颂》五篇，总共四十篇。「颂」的含义，阮元的《释颂》解释得最清楚。「颂」本是「容貌」的「容」字（《说文·页部》：「颂，皃也。从页，公声。」籀文作「额」），《毛诗序》说：

> 颂者，美盛德之形容，以其成功告于神明者也。

阮元说：

> 颂之训为美盛德者，余义也；颂之训为形容者，本义也。三颂各章，皆是舞容，故称为颂，若元以后戏曲，歌者、舞者与乐器全动作也。（见《揅经室一集》卷一）

「美盛德之形容，以其成功告于神明」，即是在祀神的时候用配乐的舞蹈这一艺术形式（像歌剧，也即戏曲的最早形式）再现军事、政治、生产的胜利场面。它的歌词就叫作「颂」，「颂」的特征就是它的音乐是配合舞容的。

《诗》的编次，大致可以作这样的说明。有人说，《风》是抒情诗，《雅》是记事诗，《颂》是神的赞歌。这种说法，恐非编《诗》者的原意，也概括得不准确。

《毛诗序》说：

故诗有六义焉：一曰风，二曰赋，三曰比，四曰兴，五曰雅，六曰颂。

「六义」，《周礼·春官·大师》谓之「六诗」。郑玄注以「铺陈」解释「赋」，以「比类」解释「比」，以「喻劝」解释「兴」。至于「六义」的次第作如此安排，孔颖达的《毛诗正义》讲得很清楚，他说：

风之所用，以赋、比、兴为之辞，故于风之下即次赋、比、兴。然后次以雅、颂，雅、颂亦以赋、比、兴为之。既见赋、比、兴于风之下，明雅、颂亦同之。

又说：

风、雅、颂者，诗篇之异体；赋、比、兴者，诗文之异辞耳。大小不同，而得并为六义者，赋、比、兴是诗之所用，风、雅、颂是诗之成形，用彼三事，成此三事，是故同称为义，非别有篇卷也。

关于诗的「六义」，这样解释，是较为合理的。

《诗》因为「讽诵不独在竹帛」，所以「遭秦而全」（《汉书·艺文志》）。在汉代，传者四家：鲁人申培公为训诂，号为《鲁诗》；齐人辕固生作传，号为《齐诗》；燕人韩婴作内、外传，号为《韩诗》（《汉书·儒林传》及《经典释文序录》）。《鲁》《齐》《韩》三家是今文学派。

鲁人大毛公（亨）作《诂训传》，河间献王得之，立小毛公（赵人毛苌）为博士，是为《毛诗》（《诗谱》及陆玑《毛诗草木鸟兽虫鱼疏》）。《毛诗》是古文学派。

后汉郑玄作《诗笺》，『宗毛为主』（《六艺论》），于是《毛诗》盛行南北（《北史·儒林传序》）。『《齐诗》久亡（《隋书·经籍志》谓魏代已亡），《鲁诗》不过江东，《韩诗》虽在，人无传者。』（《经典释文序录》）唐时《韩诗内传》又亡，今惟存《外传》。

魏、晋讫六朝人的《毛诗》著述，多采入《经典释文》及《毛诗正义》中。宋人颇多异说，朱熹的《诗集传》是宋人研究《毛诗》的代表作（《四部丛刊三编》影宋二十卷本最好）。清人宗尚毛、郑，胡承珙的《毛诗后笺》、马瑞辰的《毛诗传笺通释》，是两部重要的著作（皆有《清经解续编》本）；陈奂的《毛诗传疏》（《清经解续编》本）宗毛排郑，稍为颛固。

《鲁》《齐》《韩》三家诗的遗说，清儒也进行搜采。陈乔枞的《鲁诗遗说考》《齐诗遗说考》《韩诗遗说考》（皆在《清经解续编》中），收罗得较为完备，但有不少附会。王先谦曾综合清儒的著述，作有《诗三家义集疏》（长沙虚受堂刻本）。

《诗》究竟应该如何进行研究，正有待于实事求是地作科学探讨。探讨和争鸣的有志之士，必须具备起码的基础知识。郑振铎的《关于〈诗经〉研究的重要书籍介绍》（收录在一千九百五十七年作家出版社本《中国文学研究》第一卷中），可以参考。

礼

「礼」在古代的训诂中，有「履」「体」的含义（见《说文·示部》《尔雅·释言》《广雅·释言》、《释名·释典艺》等），它的实践的概念是明白的（「履」，指履践、履行，「体」指体验、体会）。儒家重视「礼」，孔子说：

导之以政，齐之以刑，民免而无耻；导之以德，齐之以礼，有耻且格。（《论语·为政》）

讲求「儒效」的荀子，提出「隆《礼》义而杀《诗》《书》」（《荀子·儒效》），他说：

人生而有欲，欲而不得，则不能无求；求而无度量分界，则不能不争；争则乱，乱则穷。先王恶其乱也，故制礼义以分之，以养人之欲，给人之求，使欲必不穷乎物，物不必屈于欲。两者相持而长，是礼之所起也。（《礼论》）

由此可见，儒家学派不仅把「礼」当作道德范畴，而且也把它当作政治范畴了。

现传的儒家经典有《周礼》《仪礼》《礼记》三部，号称「三礼」。「三礼」不仅反映了汉以前的制度、风俗、仪节、礼貌，而且也记录了儒家各派对于这些方面的设想。以下对于「三礼」作简单的介绍。

《周礼》

《周礼》——旧称《周官》(《史记·封禅书》《汉书·礼乐志》《河间献王传》)或《周官经》(《汉书·艺文志》),刘歆始以为《周礼》(《汉纪·成帝纪》)。据说,汉武帝『除挟书之律,开献书之路』以后,『既出于山岩屋壁,复入于秘府』。汉成帝时,刘向、刘歆『校理秘书,始得列序』。『然亡其《冬官》一篇,以《考工记》足之』(贾公彦《周礼疏·序周礼废兴》引马融《周礼传序》)。

《周礼》分六官:一曰《天官冢宰》,『掌邦治』;二曰《地官司徒》,『掌邦教』;三曰《春官宗伯》,『掌邦礼』;四曰《夏官司马》,『掌邦政』;五曰《秋官司寇》,『掌邦禁』;六曰《冬官司空》,因为亡佚了,所以用《考工记》补充,《考工记》的开头说:

国有六职,百工与居一焉。

《冬官司空》便是管『工』的。《周礼》全书的组织,是很周密的。

《天官大宰》『以八法治官府』:一、『官属』。二、『官职』。三、『官联』。四、『官常』。五、『官成』。六、『官瀍』。七、『官刑』。八、『官计』。《周礼》对于各官作的记叙,便是根据的这八项。孙诒让的《周礼正义略例》说:

古经五篇,文繁事富,而要以《大宰》『八瀍』为纲领。众职分陈,区畛靡越。其『官属』一科,叙官备矣。至于司存攸寄,悉为『官职』。总揭大纲,则曰『官瀍』(若《大宰》『六典』『八则』之类)。详举庶务,则曰『官常』(若《大宰》『正月之吉始和,布治于邦国都鄙』以下,至职末,皆是也)。而『官计」「官成」「官刑」，亦错见焉（若《大宰》职末「受会」，则「官成」也；「大计群吏」，则「官计」也；「诏王废置」「诛赏」，则「官刑」也）。六者自「官职」「官常」外，馀虽或此有彼无，详略互见，而大都分系当职，不必旁稽。唯「官联」条绪纷繁，脉络隐互，散见百职，钩核为难。今略为甄释，虽复疏阙孔多，或亦稽古论治之资乎？

孙氏这条《略例》，可以说是抓住了阅读《周礼》的纲。对于复杂的「官联」，他也提供了详尽的资料。

《周礼》在东汉时始有人作注释，据贾氏《序周礼废兴》引郑玄《周礼序》及《释文序录》所载，有杜子春、郑兴（少赣）、郑众（仲师）、卫次仲、贾逵（景伯）、马融（季长）诸人。郑玄注博采诸家，引杜子春及二郑（兴，称郑大夫；众，称郑司农）注的很多，也引了贾逵一条（没有引马融，孙诒让以为汉人重家法，凡述师说，不复别白）。在校勘上也比较了「故书」「今书」。郑注群经中《周礼注》颇类后代的「集解」，但有严格的断制。

汉儒今古学派在《周礼》的问题上争执很厉害。贾氏《序周礼废兴》云：

林（或作临，字通）孝存（即临硕）以为武帝知《周官》末世渎乱不验之书，故作十论、七难以排弃。何休亦以为六国阴谋之书。唯有郑玄，遍览群经，知《周礼》者乃周公致太平之迹，故能答林硕之难，义得旁通。

郑玄对于《周礼》用力很深，自然有感情，因此他站在古文学派的立场，驳斥了林、何的今文学派说法，而且承用了刘歆的旧义（「周公致太平之迹」是刘歆之说，见《序周礼废兴》引马融《传》）。魏、晋以后，南北礼学，「同宗于郑氏」（《北史·儒林传序》）。唐人义疏，更崇郑学。然而中唐宋元诸儒对于《周礼》仍是聚讼纷纭。

清代学者汪中的《周官徵文》（《述学·内篇》卷二），是一篇很有影响的论文，他列举六证说明《周官》是周公所定。认为：

> 以其晚出而疑之，斯不学之过。

陈澧推阐汪说，又以为：

> 《周礼》是周室典制，但无以见其必为周公所作耳。（《东塾读书记》卷七）

平心而论，用「渎乱」「阴谋」等语抹杀《周礼》，是不公道的。一定要认为它是周公所作，也太武断。「其为先秦古书，似无可疑」（《直斋书录解题》卷二）的说法，比较客观。这部书，有些地方可能反映了周制，但恐怕大部分是儒家某一学派对于国家管理制度的设想，如果是「致太平之迹」，那不过是一种愿望而已。作为一种政治学说、法制思想的历史资料，《周礼》的价值是很高的。孙诒让说：

> 此经上承百王，集其善而革其弊。榷其大较，要不越政、教二科。（《周礼正义序》）

这种议论，是值得注意的。

《周礼》中的《考工记》还值得特别提一提。贾《疏》在《冬官·考工记》的题下引郑玄《三礼目录》说：

> 象冬所立官也。是官名司空者，冬藏闭万物，天子立司空使掌邦事，亦所以富立家，使民无空者也。司空之篇亡，汉兴购千金不得，此前世识其事者，记录以备大数，古《周礼》六篇毕矣。

陈澧说：

《考工记》实可补经，何必割裂五官乎？作记者以一人而尽谙众工之事，此人甚奇特。且所记皆有用之物，不可卑视之。惟其卑视工事，一任贱工为之，以致中国之物，不如外国，此所关者甚大也，今时乃颇悟之矣。（《东塾读书记》卷七）

清儒讲求征实之学，所以特别重视《考工记》，这是中国古代科技史料的一部重要著作。

六朝人的《周礼》著述不多，唐代贾公彦的《周礼疏》『盖据沈重《义疏》重修，在唐人经疏中，尚为简当』（孙诒让《周礼正义略例》）。清儒崇尚征实之学，而在《周礼》研究中的集大成者则是孙诒让的《周礼正义》。这部书不仅是清儒所谓的『新疏』中最好的一部，而且在整理古籍的成就中也属罕见的大著。

《仪礼》

《仪礼》——本是《礼经》（《汉书·艺文志》，又《河间献王传》颜师古注），一称《士礼》（《史记·儒林传》《汉书·艺文志》，黄以周《礼书通故》卷一谓大戴本全书先列《士礼》九篇，因有此名），今称《仪礼》，则始见于晋荀崧《上疏请增置博士》（《宋书·礼志》，参看《全晋文》卷三十一）。六朝以后，都用此名。今本十七篇，是汉初高堂生所传（《史》《汉》《儒林传》及《汉志》），汉宣帝时后苍为作《曲台记》（《汉志》及《儒林传》），苍传梁人戴德延君，及德兄子圣次君，号为大、小戴，又有沛人庆普孝公，由是《礼》有大戴、小戴、庆氏之学（《汉书·儒林传》）。他们所传的本子都是今文（隶书）。鲁淹中里、孔子壁中及河间献王所献的《礼经》，则为古文（籀篆），古文除与十七篇文同而字异外，还有多出的《逸礼》三十九篇（《汉志》《河间献王传》及《六艺论》）。郑玄注采用了十七篇的本子，参校今、古文，正文从今文者注出古文，从古文者注出今文，还参校了『或本』，校勘工作是做得很细致的（参看向宗鲁先生《校雠学·宗郑》）。

《周礼·春官·宗伯》『掌邦礼』，郑玄注：

礼，谓《曲礼》五：吉、凶、宾、军、嘉。

孙诒让《正义》谓《曲礼》即指《仪礼》，郑氏《目录》（郑玄《三礼目录》虽亡，但孔、贾《疏》引用颇具）于《仪礼》每篇并云，于五礼属某礼（如《士冠礼》篇题下引《目录》云：『于五礼属嘉礼』），即所谓《曲礼》五也。《困学纪闻》卷五引《三礼义宗》（崔灵恩作）云：

《仪礼》十七篇，吉礼三，凶礼四，宾礼三，嘉礼七，军礼皆亡。

《仪礼》十七篇的次序，大戴、小戴和刘向《别录》，三家不同。郑玄注本是按刘向《别录》的次序安排的，《目录》把大戴、小戴的次序异同全部标出。贾《疏》、胡培翚《正义》的卷首、《四库提要》卷二十对各本次序都作了综合的叙述，可以参看。

《仪礼》所记都是行礼的细节，《抱朴子·外篇·省烦》即曾指出：

冠、婚、饮、射，何烦碎之甚邪！

又说：

往者天下乂安，四方无事，好古官长，时或修之。执卷从事，案文举动，黜谪之罚，又在其间，犹有过误，不得其意。而欲以此为（旧有衍文，今删去）生民之常事，至难行也。

韩愈《读〈仪礼〉》也说：

其行于今者盖寡。

如果要把书中所列细节付诸实行，那是不可以，也不可能的。但是它所反映的古代宫室、服食、器用等等形貌，等级、亲疏、揖拜种种差别，作为社会学、民俗学的历史资料去进行探索，似乎还不能说没有意义。

陈澧说：

《仪礼》难读，昔人读之之法，略有数端：一曰分节，二曰绘图，三曰释例。（《东塾读书记》卷八）

郑《注》、贾《疏》，便已注意「分节」，吴廷华的《仪礼章句》（《清经解》本）、张尔岐的《仪礼句读》（江宁局本），也属于这一类书。杨复和张惠言的《仪礼图》（杨书在《通志堂经解》中，张书在《清经解续编》中），都属于「绘图」，张书更为详密。合「三礼」为图的则聂崇义的《三礼图》（《通志堂经解》本、《四部丛刊三编》本）为最有影响；黄以周《礼书通故》中的图（在卷四十八、四十九），是三礼图的最好者。《仪礼》的《记》，已有些凡例，郑注发凡有数十条。但是，清人江永的《仪礼释例》（在《清经解续编》中）、凌廷堪的《礼经释例》（在《清经解》中），特别是凌书，对于「释例」作了很有条理的工作。

《仪礼》十七篇中，有十三篇后面都附《记》；《丧服》还有《传》（《传》分在每节下，署名『子夏』）。汉儒对它作注的却不多，郑玄以前只有后苍的《曲台记》（说见《东塾读书记》卷八）。郑注『于礼特明，皆有证据』（荀崧语，见前）。唐人贾公彦的《疏》，据说是删齐黄庆、隋李孟悊的两种《疏义》而成的（晁公武《郡斋读书记》衢州本卷二）。宋儒朱熹的《仪礼经传通解》合《仪礼》《礼记》诸书另行编纂，其中订正旧疏错误，有可取之处，若说这样的书『纯是汉唐注疏之学』，『近儒之经学考订，正是朱子家法』（《东塾读书记》卷八），那就不免有些不实在了。清儒治《仪礼》的人颇多，但胡培翚的《仪礼正义》（有五篇为其弟子杨大堉补辑），比起孙诒让的《周礼正义》，就远远不及了。

《礼记》

《礼记》——是一种关于『礼』的资料汇编，其中有关于《周礼》《仪礼》的研究论文，关于『礼』『乐』的通论，也包括一些零散的『逸礼』。现传的《礼记》有戴德（延君）的《大戴记》和戴圣（次君）的《小戴记》两种。《大戴记》本八十五篇，现只存三十九篇；《小戴记》四十九篇。郑玄为《小戴记》作注，唐人作《正义》便采用了《小戴记》，所以后来所说的『三礼』中的《礼记》，《十三经注疏》中的《礼记》，都指《小戴记》。

两戴《礼记》所采用的材料来源，吴承仕的《经典释文序录疏证》，曾总结为九项：一、礼家之记（如《汉志》所著录的七十子后学所记的《记》百三十一篇及《明堂阴阳》三十三篇、《王史氏》二十一篇等）；二、乐家之《乐记》；三、《论语》家之《孔子三朝记》；四、《尚书》家之《周书》；五，九流之儒家；六、九流之道家；七、九流之杂家；八、近代之作；九、逸礼。第三、四、六这三项，只有《大戴记》中才有，所以《小戴记》的材料来源凡有六项，而儒家的著作为多。

《经典释文序录》引晋陈邵的《周礼论序》，认为大戴删古《记》，小戴又删《大戴记》，这种说法是无稽之谈，清儒戴震、钱大昕、臧镛堂、陈寿祺、吴文起、黄以周等都进行了驳正。现存的《大戴记》还有不少与《小戴记》内容相同的，完全可以证明大、小戴是各自成书，没有谁删谁的问题（参看《经典释文序录疏证》）。

两戴《记》是对《礼》的研究的材料汇编，内容十分庞杂。特别是有些制度问题，出现的矛盾很多。郑玄注遇到说不通的地方，往往解释为夏、殷、周异制。直到廖平作《今古学考》，始用今文、古文学派不同的理论去解释两戴《记》中的矛盾问题。《今古学考》卷上的《两戴记今古分篇目表》，把《小戴记》的《王制》、《大戴记》的《千乘》等十五篇列为『今』，《小戴记》的《玉藻》、《大戴记》的《盛德》等四十一篇列为『古』；《小戴记》的《文王世子》、《大戴记》的《本命》等五篇列为『今古杂』；《小戴记》的《大学》、《大戴记》的《武王践阼》等二十五篇列为『今古同』。他的排列，虽不都是准确的，但却为两戴《记》的研究找到了前人未曾发见的新路子。《今古学考》卷下的《经话》说：

> 郑君注《礼记》，凡遇参差，皆以为殷周异制……郑不以为今古派者，盖两汉经师已不识《王制》为今学之祖……但知与《周礼》不合。

又说：

> 今古经本不同，人知者多；至于学官皆今学，民间皆古学，则知者鲜矣……知今学同祖《王制》，万变不离其宗；戴《礼》今古杂有，非一家之说……古学主《周礼》，隐与今学为敌……西汉大儒，均不识此义

矣，何论许（慎）、郑乎？

又说：

> 《易》《书》《诗》《春秋》《仪礼》《周礼》《孝经》《论语》，今古之分，古人有成说矣。唯戴《记》两书中诸篇，自有今古，则无人能分别其说。盖戴《记》所传八十馀篇，皆汉初求书，官私所得。有先师经说，有子史杂抄，最为驳杂。其采自今学者，则为今学家言；采自古学者，则为古学家言……今古所以混淆之始……今之分别今古，得力尤在将戴《礼》中各篇今古不同者，归还本家。戴《记》今古定，群经之今古无不定矣。

廖氏这些议论，对我们研究《礼记》，是很有启发的。

后汉经师马融（季长）始注《小戴礼记》，卢植（子干）从马融学，又为之《解诂》，郑玄与卢植同学，即用马、卢之本，复为作《注》（见《后汉书·卢植传》；又元行冲《释疑》，载在《旧唐书》本传及《全唐文》卷二百七十二）。

晋宋以后，郑《注》流行，传《礼记》者，南朝盛于北朝。孔颖达纂修《礼记正义》时，见于世者，有南朝皇侃、北朝熊安生的著述。孔氏《正义》『据皇氏以为本，其有不备，以熊氏补焉』（见《礼记正义序》）。今日本犹存皇侃《礼记子本疏义》的残卷子本，为第五十九卷《丧服小记》。因为书中有『灼案』『灼谓』等语，又名『子本』，所以岛田翰以为侃弟子郑灼所上（见《古文旧书考》卷一，残卷全文即载入此书）。孙诒让亦同意此说（《礼记子本疏义残本跋》，见《籀廎述林》卷六）。这个残卷的存在，可以了解孔氏《正义》的因革。

宋儒卫湜的《礼记集说》、元儒陈澔的《礼记集说》(有《通志堂经解》本,陈书并有《补正》),都是因袭郑、孔之说。清代治《礼记》的学者不少,但如朱彬的《礼记训纂》(《四部备要》本)、孙希旦的《礼记集解》(《万有文库》本),都是无法与孔氏《正义》比拟的。

《大戴礼记》现存有卢辩注(《四部丛刊》本),清儒治此书者,以孔广森的《大戴礼记补注》(《畿辅丛书》本附王树柟《校正》)、汪照的《大戴礼注补》(《清经解续编》本)、王聘珍的《大戴礼记斠诂》(《广雅丛书》本)、孙诒让的《大戴礼记斠补》(甲寅石印本)为较好。

《小戴记》的《月令》、《大戴记》的《夏小正》,是有关古代农业科学的著作。《月令》,汉代蔡邕已作《章句》(辑本甚多,可以参看向宗鲁先生《月令章句疏证叙录》);《夏小正》则清代洪震煊《疏义》(《清经解》)可以一读。

春秋

《春秋》是鲁史记之名。《孟子·离娄下》:

王者之迹熄而《诗》亡,《诗》亡然后《春秋》作,晋之《乘》、楚之《梼杌》、鲁之《春秋》,一也。其事则齐桓、晋文,其文则史,孔子曰:『其义则丘窃取之矣。』

这是说《春秋》缘起及其名称的最早也是最重要的材料。

《春秋》的名称,据《孟子》说,晋叫《乘》,楚叫《梼杌》,其实晋、楚也同样可以叫作《春秋》,《国

语·晋语七》:

> 羊舌肸习于《春秋》。

又《楚语上》:

> 教之《春秋》,而为之耸善而抑恶焉。

岂但晋、楚,其他各国亦然,《墨子·明鬼下》引「燕之《春秋》」「宋之《春秋》」「齐之《春秋》」「周之《春秋》」,而且还提到「百国《春秋》」(此《墨子》佚文,见《隋书·李德林传》及《史通·内篇·六家》)。可以知道,《春秋》是当时史书的通称。所以名为「春秋」者,因为它是「以事系日,以日系月,以月系时,以时系年」的编年体史书:

> 年有四时,故错举以为所记之名也。(杜预《春秋序》)

现传的《春秋》是孔子用鲁史作底本,又参校百国《春秋》而加以修订的。孔子修《春秋》是今古学派所公认的。《公羊·庄七年传》曾引:「不修《春秋》。」《左氏·成十四年传》说:「非圣人孰能修之。」《公羊传》代表今文学派,《左氏传》代表古文学派,都承认孔子修《春秋》。后来的一些捕风捉影的怪说,是够不上称什么「学派」的。

现存的《春秋传》有《左氏》《公羊》《穀梁》,号为「《春秋》三传」。《左氏》为古文学派,《公》《穀》为今文学派。兹将「三传」分别叙述如下。

《春秋左氏传》

《春秋左氏传》——省称《左传》，或称《左氏春秋》。《史记・十二诸侯年表序》说：

> 孔子明王道，干七十餘君，莫能用，故西观周室，论史记旧闻，兴于鲁，而次《春秋》，上记隐，下至哀之获麟，约其辞文，去其烦重，以制义法。王道备，人事浃。七十子之徒，口受其传指。为有所刺讥褒讳挹损之文辞，不可以书见也。鲁君子左丘明，惧弟子人人异端，各安其意，失其真，故因孔子史记，具论其语，成《左氏春秋》。

这是对《左传》缘起的最早说明。

左丘明，《汉书・艺文志》说是「鲁太史」，而且说他与孔子同观鲁国的史记，关于左丘明与孔子合作修《春秋》，今文学派也是承认的。孔颖达《春秋序疏》引沈文阿说：

> 《严氏春秋》引《观周篇》云：「孔子将修《春秋》，与左丘明乘如周，观书于周史，归而修《春秋》之《经》，丘明为之《传》，共为表里。」

《严氏春秋》的作者严彭祖（公子），是董仲舒的三传弟子（《汉书・儒林传》《六艺论》及《经典释文序录》），所引的《观周篇》，当是汉以前或汉初的典籍。今文学派的严彭祖引用它，可以看出这派学者的态度。桓谭《新论》说：

> 《左氏传》于《经》，犹衣之表里，相待而成。《经》而无《传》，使圣人闭门思之十年，不能知也。

（严辑本入《正经》，见《全后汉文》卷十四）

这就是《左氏传》与《春秋经》关系的非常明确的说明。

《春秋》记鲁隐公元年到鲁哀公十四年（即周平王四十九年到敬王三十九年，前722—前481）凡鲁国十二公、二百四十二年中的事。

十二公为隐（前722—前712）、桓（前711—前694）、庄（前693—前662）、闵（前661—前660）、僖（前659—前627）、文（前626—前609）、宣（前608—前591）、成（前590—前573）、襄（前572—前542）、昭（前541—前510）、定（前509—前495）、哀（前494—前481，即十四年）。

孔子只修到哀公十四年，当时他七十一岁，到七十三岁、哀公十六年（前479）他便死去。《左传》所记之事却延长到哀公二十七年（周定王元年，即公元前四百六十八）。从哀公十五年到二十七年，凡十三年，皆左丘明所续。

哀公二十七年的《传》，还提到『悼之四年』的事，鲁悼公四年（周定王六年，即前四百六十三），去哀公二十七年已经五年。《左传》举悼公的谥号，则作者写此事当在悼公死后，悼公死于周考王十二年（前429）；悼公死后四年赵襄子卒（前425），《传》亦称其谥。

章炳麟的《春秋左氏疑义答问》卷一，曾假定《左传》作者左丘明与孔子弟子卜商（子夏）同年。卜商比孔子小四十四岁，孔子卒时卜商二十九岁。左丘明如果也是这样的年龄，那么，假如他在赵襄子卒年稍后死去，则至少当为八十三岁（约前508—前425）。章炳麟并认为《经》文『鲁哀公』的标题，也是出于左丘明之手，因为孔子死时哀公犹在，不得称其谥号。这样的推测，是可以参考的（年代据《史记·十二诸侯年表》及《六国年表》）。

《左传》的传授者，据说有吴起、荀卿、张苍、贾谊诸人（《春秋序疏》引《别录》及《汉书·儒林传》《经典释文序录》）。而刘向及其子歆，推尊《左氏》，歆在汉哀帝时并移书太常博士论此事（《汉书·楚元王交传》附歆事，《移书让太常博士》又见《文选》卷四十三）。

后汉传此书者以贾逵为最有名，逵在章帝建初元年（76）曾条上《左氏传》大义长于《公》《穀》二传者（《后汉书·贾逵传》）。郑玄欲注《左传》未成，尽以付服虔（《世说新语·文学》）。然服不注《经》，故杜预《春秋序》但举刘歆（子骏）、贾逵（景伯）父子（逵父徽字元伯，见《逵传》）、许淑（惠卿），颍容（子严）诸家（许淑见《续汉书·律历志》及《后汉书·范升传》，颍容见《儒林传》）。

杜预（元凯）之注，集众家之说，故名《春秋经传集解》（此用俞正燮《癸巳类稿》卷五《春秋左传书式考》说）。其书认为：

> 《经》之条贯必出于《传》，《传》之义例总归诸凡，推变例以正褒贬，简二《传》以去异端（以上用杜《序》中语）……实非刘、贾、许、颍所逮。（章炳麟《左氏春秋疑义答问》卷一，又《太炎文录续编》卷一《汉学论下》亦有同样议论）

又集《春秋》诸例及《土地名》《世族谱》《长历》等为《春秋释例》（有《四库全书》辑《永乐大典》本），与《集解》并行。

《集解》成后，又值汲冢文物出土，还写了一篇以地下文物证《左传》的《后序》（此《后序》阮刻《十三经注疏》本据宋本《正义》、淳熙经注本、万历监本载在《校勘记》中；《四部丛刊》本据明依阮仲猷刊本补；

《经义考》卷一百七十三、《全晋文》卷四十三亦有之，皆未注明出处）。

唐修《正义》，即用杜注（《释文》同）。《正义》以刘炫《义疏》为本，又参用了沈文阿（或作何，误）的《义疏》。中唐以后及宋、明诸儒多舍《传》求《经》，恣意立说。清儒又往往偏崇贾、服旧注，如洪亮吉《春秋左传诂》（《清经解续编》本）、刘文淇《春秋左传旧注疏证》（其孙寿曾续补，止于襄公五年，未成，科学出版社辑印稿本），都没有超过杜《注》孔《疏》。

读《左传》（有时也包括《公》《穀》二传），要充分利用前人编辑的类乎工具书的著作。如宋人冯继先的《春秋名号归一图》（载在《相台五经》本前），又《春秋二十国年表》（不知作者，《相台》本及《四部丛刊》本前皆载之）及清人顾栋高的《春秋大事表》（《清经解续编》本），都是极有用的书。姚彦渠的《春秋会要》（中华书局排印本）也可参考。至于马骕的《左传事纬》、高士奇的《左传纪事本末》（皆只有木刻本），则对于《左传》的史实的排比，很有帮助翻检的作用。

《春秋公羊传》

《春秋公羊传》——省称《公羊传》，《汉书·艺文志》以为「末世口说流行」之作。《释文序录》引桓谭《新论》云：

> 《左氏传》遭战国寝藏，后百馀年鲁人穀梁赤作《春秋》，残略多有遗文，又有齐人公羊高缘《经》文作《传》，弥失本事。（严辑本人《正经》，见《全后汉文》卷十四）

似《公羊》之作更在《穀梁》之后（徐彦《何休序疏》引戴宏《序》谓公羊高五传至胡毋子都始著于竹帛）。然而《春秋说题辞》云：「传我（指孔子）者公羊高也。」戴宏《序》亦云：「子夏传与公羊高。」（皆见徐彦《何休序疏》引）陈振孙《直斋书录解题》（聚珍本卷三）指出，「公羊善谶」，「言谶文者多宗之」，这些都是「傅会之言」。

《公羊》家认为《春秋》「本据乱而作，其中多非常异义可怪之论」（何休《序》）。所谓「《春秋》属商」（徐彦《公羊题下疏》引《考经说》），所谓「孔子受端门之命，制《春秋》之义，使子夏等十四人求周史记，得百二十国宝书，九月《经》立」（徐《疏》引闵因《序》及《感精符》《考异邮》《说题辞》），都是为公羊高传于夏（卜商）之学制造依据的。又有所谓「作《春秋》以改乱制」，「为汉帝制法」（徐《疏》引《春秋说》），则是以《公羊》家说适应当时政治的需要。至于所谓「三科九旨」「五始」「七等」「六辅」「二类」「七缺」的说法，则是注《公羊》学的一些基本理论。据徐《疏》引何休《文谥例》说：

三科九旨者，新周，故宋，以《春秋》当新王，此一科三旨也；所见异辞，所闻异辞，所传闻异辞，二科六旨也；内其国而外诸夏，内诸夏而外夷狄，是三科九旨也。（徐《疏》引《春秋说》宋氏注谓「三科」为「张三世」「存三统」「异内外」，「九旨」为「时」「月」「日」「王」「天王」「天子」「讥」「贬」「绝」。徐云：「宋氏又有此说，贤者择之」）

五始者，元年，春，王，正月，公即位是也。

七等者，州，国，氏，人，名，字，子是也。

六辅者，公辅天子，卿辅公，大夫辅卿，士辅大夫，京师辅君，诸夏辅京师是也。

二类者，人事与灾异是也。

七缺者，「夫之道缺」，「妇之道缺」，「君之道缺」，「臣之道缺」，「父之道缺」，「子之道

缺」，「周公之礼缺」，「是为七缺也矣」。（徐《疏》释七缺，未出《文谥例》之名，盖蒙上文而省）

举这些例子，可以见《公羊》家的「非常异义可怪之论」的一斑了。

西汉时代治《春秋公羊》的大师以董仲舒为最有名，他著的《春秋繁露》（有苏舆《义证》），是把《公羊》家学说与作为统治思想的儒家学说纠结在一起发挥的，研究《公羊传》必须读一读《春秋繁露》。西汉时传《公羊》者有严（彭祖）、颜（安乐）二家。

东汉时何休的《公羊传解诂》，是集《公羊》学说大成的著述。王国维认为他所用的《公羊传》的本子也是综合严、颜两家而参订的（《观堂集林》卷四《书〈春秋公羊传解诂〉后》）。

魏、晋以后传《公羊》者不多，现在流传的《公羊疏》，其作者徐彦，吴承仕以为是唐以前人（《经典释文序录疏证》。《四库提要》卷二十六从董逌《广川藏书志》说，谓其时代在贞元、长庆以后，不确）。

清儒崇尚汉学，于是《公羊》也得到重视。刘逢禄的《公羊何氏释例》（《清经解》本）、凌曙的《公羊礼疏》《春秋繁露注》（并《续经解》本）、包慎言的《春秋公羊传历谱》（《续经解》本）等都是重要的著述，而陈立的《公羊义疏》，搜采最为丰富，在清人所作的「新疏」中，也是较好的一部（同时他还作《白虎通义疏证》，为研究《公羊》的重要参考书。两书并有《续经解》本）。

《春秋穀梁传》

《春秋穀梁传》——省称《穀梁传》，亦《汉书·艺文志》所谓「末世口说流行」之作，桓谭谓穀梁名赤（见上引）。「赤」字又作「寘」「俶」「淑」「喜」（或误作「嘉」），皆声转相通（用《经典释文序录疏证》说）。《四库提要》卷二十六谓《穀梁传》亦当如《公羊》，乃传其学者著之竹帛。

《穀梁》在『三传』中比较朴质。荀崧上疏（见前引）称：

> 其书文清义约，诸所发明，或《左氏》《公羊》所不载。

范宁《序》云：

> 《穀梁》清而婉，其失也短。

章炳麟谓之『淡泊鲜味』（《检论·清儒》）。这些议论，可以看出《穀梁》的特征。廖平则称《穀梁》为鲁学正宗，又谓《穀梁》《左氏》为今古学根本（《今古学考》下《经话》），他对于《穀梁》的评价甚至在《公羊》之上。

为《穀梁》作注的人不多，晋范宁的《集解》采各家之说，各记其姓名，又引用了他家三代的解说，称『先君』的为其父注，称『邵』的为其从弟，称『泰』『雍』『凯』的则是他的儿子（见杨士勋《序》题下《疏》）。唐陆德明的《释文》、杨士勋的《疏》都采用范注（杨士勋曾参加《左传正义》的编纂，见孔颖达《序》）。清儒治《穀梁》者也很少，柳兴恩的《穀梁大义述》仅仅是材料的纂辑（『述』文缺者甚多）。廖平的《穀梁古义疏》是他平生著述最扎实的（有渭南严氏所刻晚年定本），治《穀梁》学者可以参考。

孝经

《孝经》，据传是孔子为小他四十六岁的弟子曾参（子舆）而作（《史记·仲尼弟子列传》，又《汉书·艺文志》）。《四库提要》卷三十二指出：

> 今观其文，去二戴所录为近，要为七十子徒之遗书，使河间献王采入一百三十一篇中，则亦《礼记》之一篇，与《儒行》《缁衣》，转从其类。惟其各出别行，称孔子所作，传录者又分章标目，自名一经，后儒遂以不类《系辞》《论语》绳之，亦有由矣。

《孝经》所讲的「孝」，把「立身行道」统统包括在内，又说：

> 孝始于事亲，中于事君，终于立身。（皆见《开宗明义章》）。

这对于封建统治是很有用的，所以「汉制，使天下诵《孝经》」（《后汉书·荀爽传》）。它的影响很大。《汉书·艺文志》虽有孔子壁中《孝经》，但后世所传孔安国作注的古文本，实是一伪再伪，前人辨之已审（参看《经典释文序录疏证》）。郑玄《孝经注》，晋末以来也有争论。唐刘知几（子玄）曾列十二证以郑注为伪，反推崇伪孔注本；司马贞与之进行了针锋相对的辩驳（见《文苑英华》卷七百六十六）。玄宗降了一道两可的诏书（见《唐会要》卷七十七）。后来玄宗自己为《孝经》作《注》，命元行冲为之作《疏》。到了宋代，邢昺又袭用元《疏》再作，这便是《十三经注疏》中的《孝经》。清末皮锡瑞用严可均辑的《孝经郑注》，作《孝经郑注疏》，在清代的『新疏』中，也是较好的一种。

论语

《论语》，据《汉书・艺文志》说：

（它是）孔子应答弟子时人，及弟子相与言，而接闻于夫子之语也。当时弟子各有所记，夫子既卒，门人相与辑而论纂，故谓之《论语》。

《论语》载孟敬子之谥，敬子卒于鲁悼公之后（鲁悼公卒在前429年），《论语》之成当更在其后（据章炳麟说，见《春秋左氏疑义答问》卷一）。这时距孔子之逝，已经近六十年了。

汉代传《论语》者，有齐、鲁两派。武帝时，又在孔子壁中得古文《论语》（见《汉书・艺文志》）。张禹本受《鲁论》，兼讲齐说，号为《张侯论》，包氏、周氏《章句》出焉（何晏《论语集解序》）。汉末郑玄就《鲁论》校周本，以齐、古正读，凡五十事（何《序》及《论语释文》）。今从《释文》考得郑氏正读者二十四事，又从敦煌所出《论语注》残卷中考得三事，除去重复者一事，凡有二十六事，皆以古正鲁（见王国维《观堂集林》卷四《书论语郑氏注残卷后》）。

魏何晏、孙邕、郑冲、曹羲、荀顗等据郑氏本『集诸家之善，记其姓名，有不安者，颇为改易，名曰《论语集解》』（何《序》）。这就是现传《十三经》中的《论语注》。诸家中的孔安国，实是伪托，陈鳣（《论语古训自序》）、沈涛（《论语孔注辨伪》）、丁晏（《论语孔注证伪》）、刘宝楠（《论语集解序疏》）论证得非常清楚。

梁、陈间皇侃就何氏《集解》作《论语义疏》，中土已佚，清中叶复自日本传入，刻入《知不足斋丛书》，因《四库全书》收此书，有删改，《知不足斋丛书》本亦从窜易。日本大正十二年（1923）武内义雄取旧抄本校正，排印行世，始复皇《疏》原样（见《经典释文序录疏证》附录《论语集解皇疏校理自序》）。《十三经注疏》中的邢昺《疏》，浅陋远不如皇《疏》。清代刘宝楠的《论语正义》，是他和刘文淇、梅植之、包慎言、柳兴恩、陈立相约各治一经，加以疏证的成品（刘恭冕《后序》）。陈立的《公羊义疏》而外，就要算他这部著作了。

汉人很重视《论语》，史传记载一般九到十二岁，即通《孝经》《论语》（有时以《论语》包括《孝经》，总之，无不通《论语》者），《汉官仪》所载博士举状，于五经外必兼《孝经》《论语》，王国维谓此二经相当于中学科目（《观堂集林》卷四《汉魏博士考》）。到南北朝时，仍是这样，颜之推说：

> 自荒乱已来，诸见俘虏，虽百世小人，知读《论语》《孝经》者，尚为人师。（《颜氏家训·勉学》）

《论语》的普遍传习，直到清末。它对历代的政治思想、道德观念、风俗习惯，都有深刻的影响。研究中国历史、文化，必须认真注意。

尔雅

《尔雅》，依据郑玄说，是『孔子门人所作，以释六艺之言』（《驳五经异义》），据陈寿祺《五经异义疏证》本）。它的作者，说法分歧，张揖认为周公『著《尔雅》一篇』，『今俗所传三篇《尔雅》，或言仲尼所增，或言子夏所益，或言叔孙通所补，或言沛郡梁文所考』（《上广雅表》）。郭璞的《序》说：

> 《尔雅》者，盖兴于中古，隆于汉氏。

这部书可能不是一时一人所作，最早的作者，或有孔子门人。它的作用为解释经典，这是一致承认的。王充《论衡·是应篇》：

> 《尔雅》之书，五经之训故。

这与郑玄的说法相同。《大戴礼记·小辨篇》：

> 尔雅以观于古，足以辨言矣。

《汉书·艺文志》：

> 古文（指《尚书》的古文）读应尔雅，故解古今语而可知也。

这两处说的『尔雅』，不一定便是今传的《尔雅》一书（或者《尔雅》书名即因此而定），但『尔雅』一辞是训解（即翻译）古今语的一个术语，可以推知。

这部书共有十九篇（《释诂》分上、下篇，所以又析为二十卷），从语言（《释诂》《释言》等）到一切事物（《释亲》到《释畜》等），都包括在内，对今人来说，它不仅是一部训诂书，而且是全面探讨古代社会生活的重要资料，其作用超过了解释经典。

汉人犍为文学、李巡、孙炎等都曾注《尔雅》，而晋郭璞的《尔雅注》，『会粹旧说』，度越前人。因为他既博物，『缀集异闻』，又用了『二九载』（十八年）的工夫（皆见郭氏《序》），所以成就很大。《经典释文》即采用了这个注本。邢昺所作的《疏》，犹有疏陋。清代邵晋涵《尔雅正义》、郝懿行《尔雅义疏》是较好的著述（并有《清经解》本，《经解》中的郝《疏》有删节），从了解古代语言的角度，从博物的角度，都应该读一读。

孟子

《孟子》，据《史记，孟子荀卿列传》说，是孟轲与其徒万章等所作。赵岐《孟子题辞》也有同样的说法。章炳麟认为，其书称其弟子『乐正子』『公都子』『屋庐子』，徐辟、陈臻、万章，亦或称『徐子』『陈子』『万子』，师徒相称，不应以『子』尊之，因此断定《孟子》不是孟轲亲作，乃其再传弟子为之（《太炎文录续编》卷一《孟子大事考》）。这种说法，比较符合实际。

《孟子》和《荀子》一样，本都是儒家学派的著作。但据说，它在汉文帝时已曾与《论语》《孝经》《尔雅》同置『传记博士』（《孟子题辞》），后来又受到司马迁（《史记·孟子荀卿列传》）、扬雄（《法言·渊骞》《君子》等篇）、韩愈（《原道》《答张籍书》等篇）、皮日休（《请〈孟子〉为学科书》）等人的推尊，到宋元祐中（1086—1093）即以《论语》《孟子》试士，当时已尊为经。在这以前，大中祥符间（1008—1016），孙奭便曾奉诏修《孟子音义》，则尊崇《孟子》，固已久矣（参看《四库提要》卷三十五《孟子音义》

后按语）。宋淳熙时（1174—1189），又将《礼记》中的《大学》《中庸》二篇与《论语》《孟子》合编为『四书』（参看《四库提要》卷三十五）。『四书』经朱熹作注（《大学章句》《论语集注》《孟子集注》《中庸章句》，原标题及次序如此），从这以后，成为士子必读之书，影响极大。

《孟子》注以后汉赵岐（邠卿）《章句》为最著名（《十三经注疏》中的赵《注》有删削，《四部丛刊》中的影印宋刊本，是今存赵《注》最好的版本）。

宋初孙奭等据张镒《孟子音义》、丁公著《孟子手音》及陆善经《孟子注》，为赵《注》作了《音义》（《经典释文》有《老子》《庄子》而无《孟子》）。后来的《孟子疏》托孙奭之名，实是邵武士人所伪作（《朱子语类》卷十九）。伪孙《疏》杂用《琱玉集》等书，妄称《史记》（或作『史说』），殊为庸陋（参看《四库提要辨证》卷二），而《十三经注疏》中却采用了此本。清焦循的《孟子正义》（包括赵岐《章句》）是『新疏』中较早也较好的一种，读《孟子》可从此入手，并参看朱熹《集注》。

附论纬书

纬书托始于图谶。胡应麟曾提到谶与纬有别（《少室山房笔丛》卷三十《四部正讹》上），但并没有谈得透辟。《说文·言部》：

> 谶，验也。有徵验之书，河洛所出书曰谶。（此十二字依段《注》本据《文选注》引补）

谶本是托之于来历神秘的一种预言，有时与图在一起，所以又称为『图谶』。秦汉以来，民间对当时统治的不满和一些愿望，利用了这些图谶；统治者要达到他的野心、企图，利用了这些图谶；儒生说经，也利用了这些图谶。说经利用图谶，因为要比附经书，遂名之为『纬』，有时也称为『纬候』，候是占伺、预兆的意思。

利用图谶，造作纬书，大抵出于官家的今文学派。纬书的作用，既把那儒生的经说涂上神秘色彩，以巩固已取得的官家学派地位，也投合了当时统治政权的需要。纬书的产生似乎可作这样的解释。

纬书据说起于西汉哀平时代（前6—5），而东汉光武皇帝（25—57）特别喜欢图谶，所以遂得大行（见《文心雕龙·正纬》）。当时的学者桓谭、尹敏、张衡（皆见《后汉书》本传）、王充（《论衡》中反对谶纬的地方不少）及后来的荀悦（《申鉴·俗嫌》）都极力反对。古文学派大都不信纬书。

但是，纬书因为官家学派的扶持，势力仍然很大。通儒如郑玄，他的经说混合古今，即采用了一些纬书的说法，他自己还为纬书作过注。

纬书在隋以后即渐亡佚，今已无存者（只剩下一些佚文）。《后汉书·方术·樊英传》『河洛七纬』，李贤注：

七纬者，《易》纬《稽览图》《乾凿度》《坤凿度》（二『度』字原误作『图』）、《通卦验》《是类谋》《辨终备》也，《书》纬《璇玑钤》《考灵耀》《刑德放》《帝令验》《运期授》也，《诗》纬《推度灾》《记历枢》《含神雾》也，《礼》纬《含文嘉》《稽命徵》《斗威仪》也，《乐》纬《动声仪》《稽耀嘉》《计图徵》也，《孝经》纬《援神契》《钩命决》也，《春秋》纬《演孔图》《元命包》《文耀钩》《运斗枢》《感精符》《合诚图》《考异邮》《保乾图》《汉含孳》《佑助期》《握诚图》《潜谭巴》《说题辞》。

李贤所举的纬书三十五种，大概是唐时还可见到的。到明代孙瑴辑纬书佚文为《古微书》（有《守山阁丛书》本），共计九十六种。清代马国翰《玉函山房辑佚书》，在「纬书类」中辑了四十七种（赵在翰辑《七纬》，有嘉庆刊本）。上面这些辑本，日人中村璋八合为《纬书集成》（有增补），颇便检阅。纬书的情况，略如上述。

纬书塞满了神秘、甚至是迷信的内容，究竟有没有价值呢？刘勰是不信纬书的，在《文心雕龙·正纬》中，曾用「虚伪」「深瑕」「僻谬」「诡诞」等词语来指斥纬书，但他又说：

> 事丰奇伟，辞富膏腴，无益经典，而有助文章。

李善的《文选注》引用了不少纬书，可以说明这一点，汉魏六朝人的文学作品是大大使用了纬书的语言材料的。纬书的作用，还不止此，刘师培的《谶纬论》曾列「补史」「考地」「测天」「考文」「徵礼」五善来评价它的积极方面，说：

> 足助博物之功，辅多闻之阙，殷周绝学，赖此可窥。

对于纬书也不能粗暴地抹杀。

纬书起于前、后汉之际，也有它的历史原因。除了投合统治政权需要外，当时今文家讲「通经致用」，也很想用阴阳五行之说，了解、说明天地自然、古今变革的现象。于是在大量的纬书中反映了他们凭附想象、幻想去解释社会、自然现象的假说。这些不切实际的假说，促使了它的反对派（即具有唯物主义精神的学者）认真探讨，深入实际。所以东汉时代出现了许多在科技上有贡献的学者，研究浑天、地动的张衡，把医学推向一个高峰的华佗、张机（仲景），就是这些学者的代表。他们的出现，恰恰在这个历史阶段，是否可以与纬书的盛行连在一起考虑。

通说

经的数目

从「五经」到「十三经」，顾炎武曾有一个概括的说明，他说：

> 自汉以来，儒者相传，但言「五经」。而唐时立之学官，则云「九经」者，「三礼」「三传」，分而习之，故为「九经」。其刻石国子学，则云「九经并《孝经》《论语》《尔雅》」。宋时朱、程诸大儒出，始取《礼记》中之《大学》《中庸》，及进《孟子》以配《论语》，谓之「四书」。本朝（指明朝）因之，而「十三经」之名始立。

这里所说的「五经」「九经」「十三经」诸称号，都是众所公认的。至于刘敞的《七经小传》，所指的「七经」是《尚书》《毛诗》《周礼》《仪礼》《礼记》《公羊传》《论语》（日人山井鼎的《七经并孟子考文》，所指的「七经」为「五经」加《孝经》《论语》，即与刘氏不同）；岳珂的《九经三传沿革例》，所指的「九经」是《易》《书》《诗》《周礼》《仪礼》《礼记》《左传》《孝经》《论语》，又加上《公羊》《穀梁》，实际是十一部。这些都是随所编刊，自立名号，这类例子，可以置而不论。

「十三经」的范围是还可以扩大的。段玉裁曾主张把《大戴礼记》《国语》《史记》《汉书》《通鉴》《说文解字》《九章算术》《周髀算经》八书加入「十三经」，遂可成「二十一经」（《经韵楼集》卷九《十经斋记》）。黎庶昌又谓「十三经」之外，可增加《庄子》（次《孟子》）、《楚辞》《文选》《杜诗》《韩文》（以上次《毛诗》）、《史记》《汉书》（以上次《尚书》）、《通鉴》（次《左传》）、《通典》《文献通考》（以上次「三礼」）、《说文》（次《尔雅》），各降一等，名曰「亚经」，则共有「二十四经」（见夏寅官《黎庶昌传》，载《碑传集补》卷十九）。这些扩大「经」的范围的议论，是可以考虑的。

唐代试士，曾把「经」分为「大」「中」「小」三类：《礼记》《左传》为「大经」，《诗》《周礼》《仪礼》为「中经」，《易》《尚书》《公羊传》《穀梁传》为「小经」（《新唐书·选举志》）。《孝经》《论语》《尔雅》属于初学必读，未列入试科（《孟子》当时还没有认为是「经」）。

宋人郑耕老曾取「六经」及《论语》《孟子》《孝经》统计其字数，计《毛诗》三万九千二百二十四字，《尚书》二万五千七百字，《周礼》四万五千八百六字，《礼记》九万九千二十字，《周易》二万四千二百七字，《春秋左氏传》一十九万六千八百四十五字，《论语》一万二千七百字，《孟子》三万四千六百八十五字，《孝经》一千九百三字。大小「九经」，合四十八万九十字（《宋元学案》卷四引《读书说》）。他这个统计根据的什么本子并不清楚，字数的差异总是不会很大的。「经」的分量不大，可是研究它、注解它的著述，却在古代图籍分类的「四部」中独立成为一部了。

经的传刻

经书的传刻很早，没有木版以前，便刻上石碑，称为「石经」。「石经」以后汉熹平四年（175）在洛阳刻石的《周易》《尚书》《鲁诗》《仪礼》《春秋》《公羊》《论语》为最古，号为「熹平石经」，因为它只有隶书一种字体，所以又号「一字石经」。

其次则是魏正始中（240—248）在洛阳刻石的《尚书》《春秋左传》二经，因为它是古文、小篆、隶书三种字体写的，所以叫作「三体石经」。这两种「石经」都已不存在了，它的遗文，载在《隶释》《隶续》诸书中；后来也有些残石出土，而「三体石经」出土的残石很多，章炳麟曾据以写《新出三体石经考》（在《章氏丛书续编》中）。

唐开成二年（837）所立的「九经并《孝经》《论语》《尔雅》」，则其石今犹在西安碑林，称作「唐石经」或「开成石经」。

后来后蜀孟昶广政七年（944）刻《周易》《尚书》《周礼》《仪礼》《礼记》《毛诗》《左传》《孝经》《论语》《尔雅》十经在成都，宋田况、席益、晁公武递有修补，号为「蜀石经」，碑已早亡，但有出土残石。北宋嘉祐时（1056—1063）曾以篆书、真书二体写「九经」刻石，号为「二体石经」；南宋绍兴中（1131—1162）宋高宗又自书「六经」刻石。这两种「石经」，也已不复存在。

清代乾嘉时候也曾刻「石经」。「石经」在已有版刻书籍以后，价值就不高了（关于石经，可参看向宗鲁先生《校雠学·择本上》）。

经书的版刻，也是古代官府木刻书的最早一批，后唐长兴三年（九百三十二）即已由田敏等奏准校刊雕印「九经」（《册府元龟》卷六〇八）。

宋代单刻经注的情况，可以参看岳珂的《相台书塾刊正九经三传沿革例》（湖北崇文书局刻本）。岳氏刻的「相台本九经三传」（实十一种，即「十三经」中无《尔雅》《孟子》，说已见上），不仅文字校勘精审，而且正文、注文的句读圈点都极为讲究，是群经单注本的精品。颜之推对于经学提出『明练经文，粗通注义』的要求（见《颜氏家训·勉学篇》），读『相台本』这样的群经单注，确是治经的入门之路。

六朝人讲说经注，出现『义疏』这种形式，或又称作『疏义』，唐人作『五经正义』，即是『义疏』，标题『正』字，以其为奉敕之作，试士所遵循者也。贾（公彦）、徐（彦）、杨（士勋）及北宋邢（昺）、孙（伪孙奭）的著作，都只称『疏』，又自称为『释』『解』等。

义疏本自单行，习惯称为『单疏』。今『单疏』尚存者，如《周易正义》（有江安傅氏影宋本）、《尚书正义》（有《四部丛刊三编》景抄本及宋本）、《毛诗正义》（刘氏嘉业堂刊本）、《仪礼疏》（有《四部丛刊续编》景汪刻本）、《礼记正义》（残卷，有《四部丛刊三编》景抄本及宋本）、《左传正义》（有《四部丛刊续编》景抄本）、《公羊疏》（《续古逸丛书》景残宋本）、《尔雅疏》（《续古逸丛书》《四部丛刊续编》景宋本）等，略可窥见唐、宋人原著面貌。

南宋绍熙中（约1192年），书坊为了阅读者的省事，遂将经注及疏、释文合并在一起，称为『三合本』或『注疏本』。于是有『似便而易惑』（段玉裁语，见《经韵楼集·与诸同志书论校书之难》）的读本出现。

『三合本』的最早刻本为八行本，后来又有比八行本更混乱的十行本。阮元校刻的《十三经注疏》所据为一种较晚印行的十行本，所以并不是好本子（关于『注疏本』的出现及阮氏刻本的优劣，详见向宗鲁先生《周易疏校后记》，载《中国历史文献研究集刊》第三集）。

注疏的校理，是一件比较复杂的工作，段玉裁曾提出『以贾还贾，以孔还孔，以陆还陆，以杜还杜，以郑还郑，各得其底本，而后判其义理之是非』（《与诸同志书论校书之难》）的原则，是比较科学的。

经学流派

经学在古代主要分汉、宋两派，而汉学又分为今文、古文两个学派。汉代的今、古文学派，原出于传习经典的今（隶书）、古（篆书）字体不同，后来遂致说法大异。两汉立于学官的都是今文学派，西汉宣帝时有《易》施、孟、梁丘三家，《书》欧阳、大小夏侯三家，《诗》齐、鲁、韩三家，《礼》后氏一家，《春秋》公羊、穀梁二家，凡十二博士（用王国维说，见《观堂集林》卷四《汉魏博士考》）。东汉光武时有《易》施、孟、梁丘、京四家，《书》欧阳、大小夏侯三家，《诗》齐、鲁、韩三家，《礼》大、小戴二家，《春秋》公羊的严、颜二家，凡十四博士（见《续汉书·百官志》，又《后汉书·儒林传序》误衍『毛』字），统统是今文家。

古文学派在民间流传，许多有『实事求是』精神的学者（『实事求是』一语，即出于《汉书·河间献王传》，河间献王很推重古文派的学者），都治古文。后汉末古文的势力逐渐大了起来，郑玄治经即兼今、古文，而侧重古文。到了魏代，《易》费氏、《古文尚书》、《诗》毛氏、《周礼》、《左氏春秋》都得立于学官，这些古文家的经说，形成了战胜今文学派的趋势（见王国维《汉魏博士考》、章炳麟《汉学论下》）。六朝『义疏』之学基本上是沿着这种趋势流衍下去的。

中唐以后，对于汉魏以来的正统经学逐渐有人怀疑。到了宋代，更是出现了大批吸收禅宗学说改造儒学的所谓『理学』（『道学』）家，他们讲经，极力摆脱汉、魏以来注疏的束缚，于是有所谓『宋学』。

朱熹是『宋学』的大师，但他对于注疏，用力很深，而又不为其所限制，成就是不能抹杀的。《纯常子枝语》卷十四谓朱子特重注疏，故道问学之功，非濂洛之所能及。

宋学在元明时代像前后汉的今文学派一样，成为了官方学派。明修《四书五经大全》，清修《折中》《述义》一类官书，都是抄袭宋元诸儒著作，影响极为恶劣，顾炎武曾说，《大全》的修纂，「颁餐钱，给笔札，书成之日，赐金迁秩，所费于国家者不知凡几」。而这些修纂者「仅取已成之书，抄誊一过，上欺朝廷，下诳士子」（《日知录》卷十八《四书五经大全》）。这是对于明修《大全》的评论，同样可移来评论清代那些书。

清儒的学风，主要是推崇汉学。乾嘉诸儒从小学入手，在文字声韵、名物训诂方面下功夫。道光、咸丰以后，渐有今、古文派的旧影出现，清末，今文学派颇盛行一时。辛亥革命时期古文派的势力有所抬头，而且也注意了魏晋讫六朝的经学成就。章炳麟曾说，清儒「根柢皆在注疏」，这种说法，「十得六七」。「清儒所失，在牵于汉学名义，而忘魏晋干蛊之功」（《汉学论下》）。可以作为这派学者意见的代表。

汉、宋两派，都主张实事求是，不妄议论。司马光说：

新进后生，口传耳剽，读《易》未识卦爻，已谓「十翼」非孔子之言；读《礼》未知篇数，已谓《周官》为战国之书；读《诗》未尽《周南》《召南》，已谓《毛传》为章句之学；读《春秋》未知十二公，已谓「三传」可束之高阁。

朱熹说：

近日学者，病在好高。《论语》未问「学而时习」，便说「一贯」；《孟子》未言「梁惠王问利」，便说「尽心」；《易》未看六十四卦，便读《系辞》，此皆躐等之病。（《困学纪闻》卷八）

这是宋儒的话，他们并没有提倡浮说空论。这不仅是治经的原则，也是治学的正途。

经与文学

孔子弟子分为『德行』『言语』『政事』『文学』四种，子游（言偃）、子夏（卜商）便是文学科的代表（《论语·先进》）。据皇侃《义疏》引范宁说：

文学，谓善先王典文。

那时候的『先王典文』就是经典，按照孔子的分科，文学也即经学。

后代的文论，也把文学和经学的关系看作头等大事，《文心雕龙》列在最前面的四篇：《原道》《徵圣》《宗经》《正纬》，都是讲经学与文学关系的。《宗经篇》说：

故论说辞序，则《易》统其首；诏策章奏，则《书》发其源；赋颂歌赞，则《诗》立其本；铭诔箴祝，则《礼》统其端，纪传铭檄，则《春秋》为根：并穷高以树表，极远以启疆，所以百家腾跃，终入环内者也。

《颜氏家训·文章篇》也说：

夫文章者，原出『五经』：诏命策檄，生于《书》者也；序述论议，生于《易》者也；歌咏赋颂，生于《诗》者也；祭祀哀诔，生于《礼》者也；书奏箴铭，生于《春秋》者也。

他们把后代文章各体牵附经书，虽不免有些勉强，但文学与经学有关，这一命题，总是有道理的。唐代的一部巨大总集《文馆词林》，今其残存的第三百四十六卷『颂』类，即选入了《诗经》的《周颂·时迈》（杨守敬刻本、《适园丛书》翻杨本）。这就远在杂抄经史百家的曾国藩所说的村塾古文选《左传》（见《经史百家杂抄序》）之前了。

从文学的角度研究经书，除了各种样式的文学作品的继承发展关系以外，还有文学艺术理论的渊源影响。研究中国古代文学，是离不开对于经学的探讨的。

经话新编

小序

近世经今文学大师廖季平（平）先生，曾作《经话》。在他丙戌年（1886）编成的《今古学考》卷下，取《经话》中论今古学者凡百一十条，畅论今文、古文两个经学流派的区分。章炳麟《清故龙安府学教授廖君墓志铭》所指的『康氏所受于君者』的『第二变』，盖即此书（《廖君墓志铭》，见《太炎文录续编》卷五下）。用《经话》这种形式说经，灵动活跃，颇不沉闷，我认为很符合深入浅出的学术著述写作原则。诗学有『诗话』，词学有『词话』，曲学有『曲话』，难道经学就可以不写『经话』了吗？这种形式，清初阎若璩的《四书释地》《尚书古文疏证》、顾栋高的《春秋大事表》已颇为采用。乾嘉大儒治学态度严肃庄重，于阎、顾诸君写作形式，颇致不满，然而他们那种过于板滞的论著，却不大能引起更多读者的兴趣。要把说经通俗化，我认为『经话』这种形式是可承用、推广的，因此作《经话新编》，凡二十七条。与廖氏之作形式颇近，而宗旨不同，故曰《新编》云尔。辛未末春，麋翁记。

庄子论儒经

《庄子·天下篇》说：

其在于《诗》《书》《礼》《乐》者，邹鲁之士、搢绅先生多能明之：《诗》以道志，《书》以道事，《礼》以道行，《乐》以道和，《易》以道阴阳，《春秋》以道名分。其数散于天下，而设于中国者，百家之学，时或称而道之。

这是关于经学的最早记载。没有提到孔子，但是「邹鲁之士、搢绅先生」云云，显然指的孔子和孔氏门徒。「百家之学，时或称而道之」，「邹鲁之士、搢绅先生多能明之」：经学和孔氏儒学、百家之学的重轻关系，已经讲得很清楚了。没有孔子便没有群经，没有孔氏门徒便没有经学，从《庄子》这段记载，是可以得出这样的结论的。

《庄子·天道篇》又说：

孔子西藏书于周室，子路谋曰：由闻周之征藏史有老聃者，免而归居，夫子欲藏书，则试往因焉。孔子曰：善！往见老聃，而老聃不许，于是缮十二经以说。老聃中其说，曰：大谩！愿闻其要。孔子曰：要在仁义。

《庄子》多寓言，这一段记载不一定全是真实的。但这当中可以明显地看到孔子对他所撰述的经书是十分珍惜的。此文上面说「藏书」，下面说「缮十二经」，可知孔子所欲藏的「书」便是「经」。「十二经」有种种讲法，《释文》即有「六经六纬」「《易》上下经及《十翼》」「《春秋》十二公」三种不同的说法。

其实「十二」应该是个虚数，「十二经」即指群经。藏于周室，即欲传诸其人的意思。老聃听了孔子说经，批评了两个字：「大谩！」大即「太」字，谩是曼的借字，《诗·閟宫》「孔曼且硕」，《毛传》：「曼，长也。」「大漫」就是嫌「十二经」太冗长了，所以说：「愿闻其要。」司马谈《论六家要指》说：「儒者博而寡要。」（见《史记・太史公自序》）便是采用了老聃对儒经这样的批评。

研究经学，《庄子》中的这两条，是最早的材料，也是最好的材料了。

经学是汉初儒生禄利之路

《庄子》批评孔子的《十二经》「大漫」，司马谈说儒者「博而寡要，劳而少功」，确是中肯之言。《汉书・艺文志》说：

> 古之学者耕且养，三年而通一艺，存其大体，玩经文而已。是故用日少而畜德多，三十而五经立也。后世经传既已乖离，博学者不思多闻阙疑之义，而务碎义逃难，便辞巧说，破坏形体。说五字之文，至于二三万言。后进弥以驰逐，故幼童而守一义，白首而后能言。安其所习，毁所不见，终以自蔽，此学者之大患也。

这种「学者之大患」，尽管从先秦两汉以来不断有人指出，但是经学的出现，就与烦琐这种弊端分不开。《汉书・儒林传》赞曰：

> 自武帝立五经博士，开弟子员设科射策，劝以官禄。讫于元始，百有余年（前140—前1），传业者浸盛，支叶蕃滋。一经说至百馀万言，大师众至千余人，盖禄利之路然也。

这就点明了烦琐弊端的原因。

《汉志注》引桓谭《新论》：

> 秦近君能说《尧典》，篇目两字之说至十馀万言，但说「曰若稽古」三万言。（《全后汉文》卷十四辑此入《正经第九》）

这是有名的烦琐说经的例子。《文心雕龙·论说》曾提到这个例子，并说：

> 所以通人恶烦，羞学章句。

经学成了「禄利之路」，除了「分文析字，烦言碎辞」之外，还习惯于「信口说而背传记，是末师而非往古」，「保残守缺，挟恐见破之私意，而无从善服义之公言」。

刘歆欲立《左氏春秋》，遭到五经博士的拒绝，曾移书太常博士，深切地揭发了当时的学弊（见《汉书·楚元王交传》，又《文选》卷四十三）。武帝建元之间（前一百四十年左右），官方博士「一人不能独尽其经，或为《雅》，或为《颂》，相合而成」。「保残守缺」到了这样的地步。刘歆指斥当时的学风是「专己守残」，「党同门，妒道真」，确是无可置辩的真实。

「禄利之路」又导致了「曲学阿世」的坏学风。《汉书·儒林传》载，齐人辕固生是《韩诗》博士。景帝时，窦太后好《老子书》，「召问固，固曰：此家人言耳（意思是说它平庸，谈不上有什么学术价值）！太后怒曰：安得司空城旦书乎（司空城旦书，指刑律之书，意思说，它比刑律条文总要好点，这是针对辕固鄙视《老子》而讲的）？乃使固入圈击彘。上（指景帝）知太后怒，而固直言无罪，乃假固利兵（指锐利的武器），下圈

（圈字依王念孙说订正）刺彘，正中其心，彘应手而倒。太后默然，亡（即无字）以复罪。上以固廉直，拜为清河太傅。疾免。武帝初即位，复以贤良征。诸儒多嫉毁，曰：固老。罢归之。时固已九十馀矣。公孙弘亦征，仄目而事固（仄目，意思是说有些怕他）。固曰：公孙子务正学以言，无曲学以阿世！」辕固这句话，正抓住公孙弘热衷于「禄利之路」的特征。

公孙弘「每朝会议，开陈其端，使人主自择，不肯面折庭争」，「习文法吏事」，「缘饰以儒术」。他是一个典型的「曲学阿世」者，在汉武帝时代，成了一个官运亨通、封侯拜相的儒臣。他和汲黯约定要面奏武帝的事，到了武帝面前，「皆背其约」。他的「奉禄甚多」，却又故为俭约，特制布被。这些诈行，都为了讨好主子。一切被汲黯所揭发。《汉书》的《公孙弘卜式儿宽传》里，写得颇为详备。

辕固生和公孙弘的故事，是经学史上值得借鉴的史实，也很有启发性。

曲学阿世是经学的邪路

《文心雕龙·论说篇》说：「通人恶烦，羞学章句。」这种说法，从王充以来，便已如此。《论衡·超奇篇》说：

> 通书千篇以上，万卷以下，弘畅雅闲，审定文读，而以教授为人师者，通人也。杼其义旨，损益其文句，而以上书奏记，或兴论立说，结连篇章者，文人、鸿儒也。好学勤力，博闻强识，世间多有；著书表文，论说古今，万不耐一。

又说：

> 故夫能说一经者为儒生，博览古今者为通人，采掇传书，以上书奏记者为文人；能精思著文，连结篇章者为鸿儒。故儒生过俗人，通人胜儒生，文人逾通人，鸿儒超文人。故夫鸿儒，所谓超而又超者也。以超之奇，退与儒生相料，文轩之比于敝车，锦绣之方于缊袍也。其相过远矣。如与俗人相料，太山之颠墆，长狄之项跖，不足以喻。故夫丘山以土石为体，其有铜铁，山之奇也；铜铁既奇，或出金玉。然鸿儒，世之金玉也，奇而又奇矣。

六朝的义疏之学，多出于『禄利之路』为通人所羞的章句儒生。《颜氏家训·勉学篇》说：

> 学之兴废，随世轻重。汉时贤俊，皆以一经弘圣人之道……末俗已来不复尔，空守章句，但诵师言，施之世务，殆无一可。故士大夫子弟，皆以博涉为贵，不肯专儒。梁朝皇孙以下，总丱之年，必先入学，观其志尚，出身以后，便从文史，略无卒业者。冠冕为此者，则有何胤、刘瓛、明山宾、周捨、朱异、周弘正、贺琛、贺革、萧子政、刘绍等，兼通文史，不徒讲说也。洛阳亦闻崔浩、张伟、刘芳，邺下又见邢子才，此四儒者，虽好经术，亦以才博擅名。如此诸贤，故为上品，以外率多田野间人，音辞鄙陋，风操蚩拙，相与专固，无所堪能，问一言辄酬数百，责其指归，或无要会。邺下谚云：博士买驴，书券三纸，未有驴字。使汝以此为师，令人气塞。孔子曰：学也，禄在其中矣。今勤无益之事，恐非业也。夫圣人之书，所以设教，但明练经文，粗通注义，常使言行有得，亦足为人。何必『仲尼居』即须两纸疏义？燕寝讲堂，亦复何在？以此得胜，宁有益乎？光阴可惜，譬诸逝水。当博览机要，以济功业；必能兼美，吾无间焉。

这一段文字，便是「通人恶烦，羞学章句」的氛围的叙写。

到了明代，什么「心学」「性理之学」为官方所提倡，又成了「禄利之路」，充塞了经学。顾炎武《与友人论学书》说：

比往来南北，颇承友朋推一日之长，问道于盲。窃叹夫百馀年以来之为学者，往往言心言性，而茫乎不得其解也！命与仁，夫子之所罕言也；性与天道，子贡之所未得闻也。性命之理，著之《易传》，未尝数以语人。其答问士也，则曰：行己有耻。其为学，则曰：好古敏求。其与弟子言，举尧舜相传所谓危微精一之说，一切不道，而但曰：允执其中，四海困穷，天禄永终。呜呼！圣人之所以为学者，何其平易而可循也！故曰：下学而上达。

颜子之几乎圣也，犹曰：博我以文。其告哀公也，明善之功，先之以博学。自曾子而下，笃实无若子夏，而其言仁也，则曰：博学而笃志，切问而近思。今之君子则不然，聚宾客门人之学者数十百人，譬诸草木，区以别矣，而一皆与之言心言性，舍多学而识，以求一贯之方，置四海之困穷不言，而终日讲危微精一之说。是必其道之高于夫子，而其门弟子之贤于子贡，祧东鲁而直接二帝之心传者也！我弗敢知也！

《孟子》一书，言心言性，亦谆谆矣，乃至万章、公孙丑、陈代、陈臻、周霄、彭更之所问，与孟子之所答者，常在乎出处去就、辞受取与之间，以伊尹之元圣，尧舜其君、其民之盛德大功，而其本乃在乎千驷、一介之不视、不取；伯夷、伊尹之不同于孔子也，而其同者，则以行一不义、杀一不辜而得天下不为。是故性也、命也、天也，夫子之所罕言，而今之君子之所恒言也。出处去就、辞受取与之辨，孔子、孟子之所恒言，而今之君子所罕言也。谓忠与清之未至于仁，而不知不忠与清而可以言仁者，未之有也！谓不忮不求之不足以尽道，而不知终身于忮且求而可以言道者，未之有也！我弗敢知也！愚所谓圣人之道者如之何？

曰：博学于文。曰：行己有耻。

> 自一身以至于天下国家，皆学之事也。自子臣弟友以至于出入往来辞受取与之间，皆有耻之事也。耻之于人大矣！不耻恶衣恶食，而耻匹夫匹妇之不被其泽。故曰：万物皆备于我矣，反身而诚。呜呼！士而不先言耻，则为无本之人；非好古而多闻，则为空虚之学。以无本之人，而讲空虚之学，吾见其日从事于圣人，而去之弥远也！虽然，非愚之所敢言也，且以区区之见，私诸同志，而求起予。（《亭林文集》卷三）

顾炎武的这段话，和前面颜之推所言，都是对「曲学阿世」的坏学风所下的箴砭。「曲学阿世」的表现不同，甚至于在不同的世风之下，往往各走极端，都是经学史上宜引以为诫的历史教训。《汉书·艺文志》说：

> 儒家者流……游文于《六经》之中，留意于仁义之际，祖述尧舜，宪章文武，宗师仲尼，以重其言，于道为最高……然惑者既失精微，而辟者又随时抑扬，违离道本，苟以哗众取宠。后进循之，是以《五经》乖析，儒学浸衰；此辟儒之患。

颜、顾所针砭的便是「辟儒之患」。《汉书·景十三王传》说：

> （河间献王德）修学好古，实事求是。从民得善书，必为好写与之，留其真。加金帛赐以招之，由是四方道术之人，不远千里，或有先祖旧书，多奉以奏献王者，故得书多，与汉朝等。

毛泽东同志《改造我们的学习》概括「主观主义的态度」是「无实事求是之意，有哗众取宠之心」；而「马克思列宁主义的态度」则是「有实事求是之意，无哗众取宠之心」。「实事求是」和「哗众取宠」这两个成语，都出现在经学史上，总结经学上的历史经验，对于端正我们的学风，确是有用啊！

群经次第

《经典释文叙录》有《次第》一条云：

> 五经六籍，圣人设教。训诱机要，宁有短长？然时有浇淳，随病投药，不相沿袭，岂无先后？所以次第互有不同。如《礼记·经解》之说，以《诗》为首（《经解》的次第是《诗》《书》《乐》《易》《礼》《春秋》）；《七略·艺文志》（编者按：疑当作《七略·六艺略》）所记，用《易》居前（《汉书·艺文志》本之《七略》，其次第是《易》《书》《诗》《礼》《乐》《春秋》《论语》《孝经》、小学）。阮孝绪《七录》，亦同此次，而王俭《七志》，《孝经》为初。原其后先，义各有旨。今欲以著述早晚，经义总别，以成次第。

《经典释文》的次第是：《周易》《古文尚书》《毛诗》《三礼》《春秋》《孝经》《论语》《老子》《庄子》《尔雅》。后代相沿，大抵以此为著录先后。至于诵读，则宋代以后，一般是先《四书》后《五经》。《四书》按照朱注次第是《大学》《论语》《孟子》《中庸》，而一般教学，则是《大学》《中庸》居首，然后是《论语》《孟子》。《五经》则是《诗》《书》《易》《礼记》《春秋左氏传》。过去的书馆、村塾，莫不如是。张之洞《𬨎轩语》的《治经宜有次第》一条提出：

> 欲用注疏工夫，先看《毛诗》，次及《三礼》，再及他经。盖《诗》《礼》两端，最切人事，义理较他经为显，训诂较他经为详，其中名物，学者能达与否，较然易见。且四经皆是郑君元注，完全无阙。《诗》

则《毛传》粹然为西汉经师遗文，更不易得。欲通古训，尤在于兹。《礼》之条目颇多，卷帙亦钜，初学畏难。《诗》义该比兴，兼得开发性灵。《郑笺》多及礼制。此经既通，其于《礼》学寻途探求，自不能已。《诗》《礼》兼明，他经方可着手。《书》道政事，《春秋》道名分，典礼既行，然后政事名分可得而言也。《易》道深微，语简文古。训诂礼制，在他经为精，在《易》为粗。所谓至精，乃在阴阳变化消息。然非得其粗者，无由遇其精者。总之，《诗》《礼》可解，《尚书》之文、《春秋》之义不能尽解；《周易》则通儒毕生探索，终是解者少而不解者多。故治经次第，自近及远，由显通微，如此为便，较有实获。

这是从古到近，由浅入深，两条不同的经学次第途径。学者应有明确的认识、清晰的观念。

《周易》难学

《周易》列群经之首，但实是不易读懂的一部书。颜之推谓梁世崇尚玄虚之学：

《庄》《老》《周易》，总谓《三玄》。武皇简文，躬自讲论。周弘正奉赞大猷，化行都邑，学徒千馀，实为盛美。元帝在江、荆间，复所爱习，召置学生，亲为教授，废寝忘食，以夜继朝。至乃倦剧愁愤，辄以讲自释。吾时颇预末筵，亲承音旨。性既顽鲁，亦所不好云。

《朱子语类》卷一〇四说：

先生（指朱熹）因与朋友言及《易》，曰：《易》非学者之急务也。某平生也费了些精神理会《易》与

《诗》，然其力未若《语》《孟》之多也。《易》与《诗》中所得，似鸡肋焉。

张之洞说：

> 《周易》统贯天人，成于四圣（指伏羲、神农、文王、孔子），理须后圣方能洞晓。后代诸家，皆止各随所得，无一人能为的解定论，势使然也。且阴阳无形，即使缪称妄说，无人能质其非。所以通者虽少，而注者最多，所谓画狗马难于画神鬼之比也。

又说：

> 蜀士好谈《易》，动辄著书，大不可也！切宜戒之！（《𬨎轩语·治经宜有次第》注）

这些都是对于《易》学的纠缪箴言。

张之洞特别谈到「蜀士好谈《易》，动辄著书」，当时是有所指的。其在晋代，即有蜀才注《易》（见《颜氏家训·书证篇》，蜀才即范长生）。《经典释文》亦见称引。唐李鼎祚《周易集解》「历观炎汉，迄今巨唐，采群贤之遗言，议三圣之幽赜，集虞翻、荀爽三十馀家」（李氏自序），清儒之治汉《易》者，视为武库，李道平至为之《纂疏》，这能说「蜀士好《易》著书」不对吗？及至清代末期，蜀中解《易》之书，确是不少。但两《经解》中没有一部蜀人著作。谈《易》的末流竟与会道门合流。迄今迷信摊肆上，犹有标《易》以卖卜者，这真是经学史上的耻辱！特书张氏之言，以为蜀士戒！

学《易》宜走王弼讲哲理的路子

《周易》本是古人占卜之书，其以卦、爻辞组成的上下经，可能周初即已定型。卦、爻辞里既是占筮之语，也用了些反映古代生活及社会现象的谣谚。汉儒解释此经的『卦气』『消息』『爻辰』『升降』『纳甲』『八宫』『世月』诸说，与图谶合流，实甚神秘。尽管惠栋、张惠言诸人被称为清代《易》学大师，不过是拾汉儒神秘之馀，与宋代方士《易》图之说，谈不上谁高谁下。唯王弼注《易》，从矛盾统一的原则出发，才把《易》学引向哲理的正途。《易略例·明象》说：

夫象者何也？统论一卦之体，明其所由之主者也。夫众不能治众，治众者至寡者也；夫动不能制动，制天下之动者，贞夫一者也。故众之所以得咸存者，主必致一也；动之所以得咸运者，原必无二也。物无妄然，必由其理。统之有宗，会之有元。故烦而不乱，众而不惑。故六爻相错，可举一以明也；刚柔相乘，可立主以定也。是故杂物撰德，辩是与非，则非其中爻，莫之备矣。故自统而寻之，物虽众，则知可以执一御也；由本以观之，义虽博，则知可以一名举也。故处璇玑以观大运，则天地之动，未足怪也；据会要以观方来，则六合辐凑，未足多也。故举卦之名，义有主矣；观其象辞，则思过半矣。

这是讲的统一的道理。《明爻通变》说：

夫爻者何也？言乎变者也。变者何也？情伪之所为也。夫情伪之动，非数之所求也。故合散屈伸，与体相乖。形躁好静，质柔爱刚。体与情反，质与愿违。巧历不能定其算数，圣明不能为之典要。法制所不能齐，度量所不能均也。为之乎，岂在夫大哉！陵三军者，或惧于朝廷之仪；暴威武者，或困于酒色之娱。近不必比，远不必乖。同声相应，高下不必均也；同气相求，体质不必齐也。召云者龙，命吕者律。故二女相违，而刚柔合体；隆墀永叹，远壑必盈。投戈散地，则六亲不能相保；同舟而济，则胡越何患乎异心？故苟识其情，不忧乖远；苟明其趣，不烦强武。能说诸心，能研诸虑。睽而知其类，异而知其通，其唯明爻者乎？

这是讲矛盾的作用。这些都包含着可贵的辩证法的因素。章炳麟《菿汉微言》说：

癸甲之际，戹于龙泉，始玩爻象，重籀《论语》。明作《易》之忧患，在于生生。生道济生，而生终不可济。饮食兴讼，旋复无穷。故唯文王为知忧患，唯孔子为知文王。

他对于《周易》的理解，或也可为治《易》学的启发。

汲冢《易》

《晋书·束皙传》：

太康二年，汲郡人不准盗发魏襄王墓，或言安釐王冢，得竹书数十车。

其中有《易经》二篇，与《周易》上下经同。朱希祖《汲冢书考》谓其出书之年，当依《武帝纪》系在咸宁五年（279），太康二年（281）始命束皙等校理。又云：

考汉代虽有古文《易经》，未尝知其由何而来。此汲冢所出之《易经》，当时学者盛讲三玄之学，何无人一校其异同，而竟任其荡灭？惜哉！

汲冢《周书》

汲冢所出古文竹书，有《周书》，《束皙传》列在《杂书》十九篇中。《周书》与现存《尚书》的关系如何，朱希祖《汲冢书考》中，也作了详细的论述。他说：

> 晋时《周书》，盖有二本：一为汉以来所传今隶本，一为汲冢所出古文本，当无疑义。《隋书·经籍志》仅载《汲冢周书》十卷，不载孔晁注本；《唐书·经籍志》仅载孔晁注《周书》八卷，不载《汲冢周书》十卷：盖皆互有遗漏。唯《唐书·艺文志》既载《汲冢周书》十卷，又载孔晁注《周书》八卷，盖汲冢十卷为无注本，孔晁注本唐时已有缺篇，故并载焉。颜师古《汉书·艺文志》《周书》注云『今存者四十五篇』，盖指孔晁注本言也。
>
> 刘知几《史通·六家篇》云：『又有《周书》者，凡为七十一章，上自文、武，下终灵、景。』不言有缺，盖所见为汲冢十卷本。是唐时尚二本并传也。
>
> 汲冢本无注而十卷，孔晁本有注卷数反少，而仅有八卷。知八卷即师古所见之孔注四十五篇也。师古以后，孔注又亡三篇。

自宋以来，盖以汲冢本补孔晁注本，而去其重复，故孔注仅有四十二篇，而无注者十七篇，及序一篇，合成今本六十篇，仍题曰《汲冢周书》。其所亡十一篇汲冢原本或有或无，已不可知。今《四部丛刊》影印明嘉靖缯宋嘉定丁黼本即如此。由此言之，今本《周书》孔晁注四十二篇，其为汉以来所传旧本，抑为汲冢本，尚待深考。其无注之十七篇及序一篇，幸赖汲冢《周书》以传，此为不可淹之事实也。

《逸周书》之于《尚书》，犹《韩诗外传》之于《诗》，《大戴礼记》之于《礼》，皆属于经学研究范围，而留心此类典籍者不多，实有大力鼓吹之必要。朱希祖这段论述，所提到的是颇为清儒治经者所忽视之事。

《韩诗外传笺疏》凡例

《逸周书》既有朱右曾《集训校释》，又有孙诒让《斠补》，发正之处，已为不少（孙氏不信汲冢古文）。《韩诗外传》虽有赵怀玉、周庭寀校注之本，然皆颇为疏漏，元明旧刻，亦未详勘。近世以来，虽有人肄业及之，然悉不厌人意。六十年前曾肆力于此，后又得元刻明印本勘对，曾写《元刊本〈韩诗外传〉题记两首》，载在《中国历史文献研究集刊》第三集（岳麓书社一千九百八十三年二月出版）。近期拟作《韩诗外传笺疏》，资料大体已集，正待写定。曾草《凡例》十条，今录于此：

一、韩婴说诗之书，旧有《内传》四篇，《外传》六篇（见《汉书·艺文志》）。自唐、宋以来，《内传》既亡，惟存《外传》十卷（近人沈家本《世说新语注所引书目》一谓《内传》未亡，即存《外传》之中。其说不足凭，余别有辨证，在《附录》卷四）。散乱之馀，芜秽斯多。今稽撰旧闻，粗为理董，古词典义，籀绎二三，草创《笺疏》十卷。未比康成之作，但主毛公；聊同冲远之书，因成前业耳。

二、《韩诗外传》旧题有惟称《诗外传》而不冠以韩字者（元刊本及明苏献可通津草堂本、沈辨之野竹斋本、毛晋汲古阁本并然；而元刊本首《韩婴传》，已标《韩诗外传》之名，苏本、沈本载钱惟善序，亦题为《韩诗外传序》）。今案：陆德明《毛诗》题下《释文》云：《诗》是此书之名；毛者传《诗》人姓，既有齐、鲁、韩三家，故题姓以别之。此书之必当题韩字，亦犹是也。《白虎通德论·爵篇》《诛伐篇》《王者不臣篇》《姓名篇》《风俗通义·山泽篇》，皆引《韩诗内传》，是汉人所见《内传》，已题韩字，《外传》自应相同。《后汉书·刘宽传》注引谢承书云：宽少学欧阳《尚书》、京氏《易》，尤明《韩诗外传》。盖《韩诗外传》之称，由来久矣。据荀悦《汉纪》卷二十五，《齐诗》亦有内外《传》，若不标韩字，更何以相别乎？凡此变乱旧称，苟求古雅，殊无取焉。明薛来芙蓉泉书屋以下诸本，并题曰《韩诗外传》，此通行可用之式也。今《笺疏》依焉。

三、旧本题下次行，咸署韩婴之名（元本、苏本、沈本并题韩婴二字，薛本题汉韩婴撰，程本以下并题汉燕人韩婴撰）。案：孔颖达《毛诗》卷首《正义》云：汉承灭学之后，典籍出于人间，各专门名氏，以显其家学，故诸为训者，皆云氏，不言名。是则韩婴之名，出于后人题署矣（《册府元龟》卷八百八十一引《韩氏外传》述管鲍事，亦称韩氏，说见《佚文》中）。今谓《诗》上冠韩，已显旧业；章句既正，宜用新名。凡诸题署，悉从刊削。惟称《韩诗外传笺疏》卷第几，下署某某学而已。非敢淹没前修，变更昔式。盖犹子政之校《荀》《贾》，别号《新书》；邵公之解《公羊》，自题家学云尔。

四、《韩诗外传》之有刻版，始于宋庆历中（见《容斋续笔》卷八）。当时既无好本，刊者又有所雌黄。创痏滋多，实基于此。及今宋刻既亡，世传唯重元本。元本乃至正十五年海岱刘贞刊于嘉兴路儒学者。自元入明，递有修补。讫嘉靖、隆庆之际，犹在摹印。虽小胜之处，时类排沙，而舛夺之文，终伤掩瑜。其难尽据，辜较可知。明代诸刻，嘉靖时则有苏州苏献可通津草堂本、沈辨之野竹斋本（沈本即苏本重印）、济南薛来芙蓉泉书屋本，万历时则有新安程荣《汉魏丛书》本、钱塘胡文焕《格致丛书》本，天启时则有杭州唐琳快阁藏书本，崇祯时则有虞山毛晋汲古阁《津逮秘书》本。毛刻出于苏沈，程、胡、唐诸刻皆本之薛氏。明刊之于元本，略有异同。落叶旋扫，牡丹复萌。凡此版刻源流得失，别详《参校诸本题记》（见《附录》卷一）。今比对诸本，断至毛刻，多取元刊，亦存明本。惟善是从，不主一是。诸本异同，悉具注中。昔郑君注《礼》，详列今古之文；陆氏释经，并出兼通之理。取则不远，窃比斯在（元刊本今见两部，其一刷印较早，补抄者仅有三页，省称元甲本；其一刷印稍后，补抄者二十六页，为袁廷梼五砚楼旧藏，省称元乙本。两本相同者，但称元本，不复区别。元乙本补抄之页，皆经黄丕烈以元本、毛抄校正，今依版心标志，分别称黄从元本补、黄从元本校、黄从毛抄补、黄从毛抄校，以取异焉。其馀诸本，但取刊印者之姓氏，以为省称）。

五、《韩诗外传》之有校订，今所知者，莫早于宋庆历时之文彦博（《容斋续笔》卷八记庆历中李用章刻本末题云：蒙文相公改正三千馀字。文相公，谓文彦博也。说详《附录》卷一）。其所改正三千馀字，文献无征，不能究其得失。清乾隆中，武进赵怀玉、新安周庭寀并为之《校注》，期月之间，先后刊布（赵书刻于乾隆五十五年，周书刻于五十六年），互不相谋，同称善本。赵精校雠，周兼疏释。然犹肆力不深，遗义斯众。自时厥后，蕲水陈士轲有《疏证》之作（陈士轲《韩诗外传疏证》十卷，刻于嘉庆二十三年），侯官陈乔枞有考遗之编（陈乔枞述其父寿祺之作，成《韩诗遗说考》五卷、《叙录》一卷、《附录》一卷、《补遗》一卷，道光中刻入《左海续集》，其后《清经解续编》收入此书，订为十八卷）。一则惟录互见之文，一则但详篇什之义。趋舍虽殊，发明盖寡。日照许瀚创为《校议》（许瀚《韩诗外传校议》一卷，成于咸丰时），锲而不舍，以少胜多。德清俞樾、瑞安孙诒让，肄业及此，咸有撰述（俞樾《曲园杂纂》卷十七有《读韩诗外传》，孙诒让《札迻》卷二校《韩诗外传》。此二书皆刻于光绪时）。发疑正读，孙氏尤精。然三家既非专业，未贯全书。坠绪毕张，其犹有待。今治此书，兼采众家，旁稽载籍。以互见之文，推其因革；以援引之书，穷其流变。征其形体递嬗之迹，准之声韵通转之理。论列是非，折衷至当。误文宜正，凡有元、明旧刊可据者，则径加刊改；否则但具其说于注中，原本面目，一仍其旧。斯循闻疑载疑之良规，非慕误书思适之高谈。昔何平叔之解《论语》，记诸家之善，记其姓名；颜师古之注《汉书》，覈古本之原，归其真正。矩矱斯同，于斯取譬（赵、周、许、俞、孙诸家，引用较多，省名称姓；二陈同姓，并举其名。别撰《笺疏引据诸家叙录》并《引用书目》，在《附录》卷二）。

六、《韩诗外传》成于汉初，其所采掇多周秦典籍，奥义古词，所在非一。今究讨原书，披寻本传，其有旧注可遵，咸为登录；其无旧注，或旧注疏舛难从，则略事补苴，别撰新释。又念郑注《易》《礼》，高解《吕》《刘》，既详训诂，亦证音读。今于难字，颇注反切。故训多本《说文》，音读略准《广韵》。音训之作，不过欲令诘诎理顺，鉏铻获安。譬之解结而佩觿，孰咨忘蹄于得兔？若曰壮夫不为，则唯览者自便。

七、先秦两汉之书，传闻谣谚，讽诵不独在竹帛。使事造词，率相师用。《笺疏》之作，不仅详其互见之文，亦就管窥所及，片语畸闻，皆究其根柢，穷其枝叶。凡有异同，不嫌比较。昔裴世期之注陈《志》，譬兼味于蜜蜂；李崇贤之证萧《选》，称弋钓于书部。巨细咸罗，事义兼释。虽曰未逮，窃有志焉。

八、《韩诗》为今文之学。《外传》虽曰取《春秋》，采杂说，咸非其本义（见《汉书·艺文志》），然其称引《诗》篇，不独文字有异于毛、郑之本，解故推理，亦显然自成一家。今略本王应麟以来所考遗说，为之疏证。多取陈乔枞之说，以其合《外传》之文，以推韩义，较诸家为备也。韩说无征，而毛郑诸家之说无悖于本传之义者，间亦采焉。本非释经之作，无取颛固为也。

九、《韩诗外传》之有佚文，自明焦竑始言之（见《焦氏笔乘续集》卷三）；董斯张因有世传《外传》非全书之说（见《吹景集》卷十二）。清代之治此书者，周、赵、二陈，皆于遗佚有所补辑（周书无佚文，周宗沅《校注拾遗跋》举佚文三条）。赵辑出于卢文弨（见《孙氏祠堂书目内编》卷一），比诸家为备。今综此数家，复有增益，别为《佚文》一卷，《存疑》《辨误》附焉。亦从《笺疏》之体，为之考论。取舍之故，序例详之。

十、《笺疏》写定，有关系此书未能纳入，尚须讨论者，取为《附录》四种，定著四卷：一曰《参校诸本题记》，二曰《笺疏引据诸家叙录》（并《引用书目》），三曰《旧本序跋纂录》，四曰《前人评述辑要》。各有小序，明其义例。比之《别录》，同乎《后语》。不能省净，庶得会通云尔。

《笺疏》已开始写定，计全书约六十万字左右。不贤者识其小者，亦经学中《诗》学的一项不可缺少的工程吧。

孙诒让《周礼政要》

《王制》与《周礼》为经今古文学派所据以为礼制歧异的两个重要文献。其实都不是曾经实施过的制度，而不过是不同学派对于国家管理的一些理论和设想而已。《王制》经康有为托以为变法维新的依据，衍为小康、大同之说，至今犹有影响。《周礼》对于国家管理的理论和设想，其周密处过于《王制》，且与现代学说更为接近，以清季维新派尊奉今文，故无所发挥。及孙诒让治此经，除作《正义》外，又为《周礼政要》一书，始对《周礼》的国家管理学说，有所阐述。《周礼政要叙》云：

> 中国变法之议，权舆于甲午，而极盛于戊戌。盖诡变而中阻，政法未更，而中西新故之辩，舛驰异趣，已不胜其哗聒。夫政之至粗者，必协于群理之公，而通于万事之变。一切弗讲，而徒以中西新故画区畛以自

隘，吾知其懵然一无所识也。中国开化四千年，而文明之盛，莫尚于周。故《周礼》一经，政法之精详，与今泰东西诸国所以致富强者，若合符契。然则华盛顿、拿坡仑、卢梭、斯密亚丹之伦所经营而讲贯，今人所指为西政之最新者，吾二千年前之旧政，已发其端，吾政教不修，失其故步，而荐绅先生咸茫昧而莫知其原，是亦缀学者之耻也。辛丑夏，天子眷念时艰，重议更法，友人以余尝治《周礼》，属捃摭其与西政合者，甄缉之以备财择。此非欲标揭古经，以自张其虚骄而饰其窳败也，夫亦明中西新故之无异轨，俾迂固之士废然自反，无所腾其喙焉尔。书凡二卷，都四十篇，虽疏漏尚众，而大致略具。汉儒不云乎？为治不在多言，顾力行何如耳。诚更张今法，集我群力而行之不疑，则此四十篇者，以致富强而有馀；其不能也，则虽人怀晁贾之策，户诵杜马之书，其于沦胥之痛，庸有救于毫穛乎？呜呼！世之论治者，可以鉴矣！光绪壬寅四月，籀庼居士书。（《籀庼述林》卷五）

孙诒让的见识比康有为高明（见《太炎文录》卷二《瑞安孙先生伤辞》），他对于《周礼》的借鉴作用，是有较为科学的认识的。

黄以周论《礼经》及两戴《记》

黄以周《礼书通故》是贯通「三礼」的一部好书。其第一卷通论礼书，至为详备。惜其文繁，未能全录，仅采其论《周礼》《仪礼》名义及大小戴《记》分合两条以为治《礼》者之助。其论《周礼》《仪礼》名义云：

孔颖达云：《周礼》见于经籍，其名异者有七处：《孝经说》云：《礼经》三百。一也。《礼器》云：

《经礼》三百。二也。《中庸》云：《礼仪》三百。三也。《春秋说》云：《礼义》三百。四也。《礼说》云，有《正经》三百。五也。《周官》外题谓为《周礼》。六也。《汉艺文志》云：《周官经》六篇。七也。七者皆云三百，故知俱是《周官》，《周官》三百六十，举成数，故云三百也。《仪礼》之别，亦有七处，而有五名，一则《孝经说》《春秋说》及《中庸》并云：《威仪》三千。二则《礼器》云：《曲礼》三千。三则《礼说》云：《动仪》三千。四则谓为《仪礼》。五则《艺文志》谓《仪礼》为《礼古经》。凡此称谓，并承三百之下，故知即《仪礼》也。非谓篇有三千，但事之殊别，有三千条耳。或一篇一卷，则有数条之事。

朱熹云：《经礼》《威仪》，《礼器》作《经礼》《曲礼》，而《中庸》以《经礼》为《礼仪》。郑玄等皆曰《经礼》即《周礼》，《曲礼》即《仪礼》。独臣瓒曰：周礼三百，特官名耳。《经礼》谓冠昏吉凶，盖以《仪礼》为《经礼》也。而近世叶梦得曰：《经礼》，制之凡也。《曲礼》，文之目也。先王之世，二者皆藏书于有司。祭祀朝觐会同，则太史执之以涖事，小史读之以喻众，而卿大夫受之以教万民，保氏掌之以教国子者，亦此书也。

愚意《礼》篇三名，《礼器》为胜，诸儒之说，瓒叶为长。盖《周礼》乃制治立法、设官分职之书，于天下无不该摄，礼典固在其中，而非专为礼说也。故《汉志》立其经传之目，但曰《周官》，而不曰《周礼》。自不应指其官目以当《礼》篇之目。又况其中或以一官兼掌众礼，或以数官通行一事，亦难计其官数以充《礼》篇之数。至于《仪礼》，则其中冠昏丧祭，燕射朝聘，自为《礼经》大目，亦不容专以《曲礼》名之也。又考《礼经》固今之《仪礼》，其存者十七篇，而其逸见于它书者，犹有《投壶》《奔丧》《迁庙》《衅庙》《中霤》等篇，《曲礼》则皆礼之微文小节，如今《曲礼》《少仪》《内则》《玉藻》《弟子职》篇所记。

以周案：古人于《仪礼》单曰《礼》，对《记》言则曰《经》，其中古文曰《古经》。《周礼》只曰《周官》，对《传》言曰《周官经》，《说文序》曰：其称《礼》《周官》，皆古文。《汉艺文志》曰：《礼古经》五十六篇，《经》十七篇，《周官经》六篇，《周官传》四篇。《景十三王传》曰：《周官》《尚书》《礼》《礼记》《孟子》《老子》之属，并未有《仪礼》《周礼》之名。自刘歆始建立《周官经》以为《周礼》，于是《周官》有《周礼》之名，而十七篇之《礼》尚不称《仪礼》也。后人又误以《曲礼》三千为《礼经》，于是名《礼经》为《仪礼》。经义既缪，经名亦因之不正矣！《后汉·郑玄传》云：郑所注《周易》《尚书》《毛诗》《仪礼》《礼记》《论语》《孝经》。举郑所注书，不应遗《周官》，盖《仪礼》二字乃《周官》《礼》三字之误。非汉时有《仪礼》之名也。先君子（以周的父亲式三）曰：《中庸》礼仪三百，威仪三千。据《周官·肆师》注：古书礼仪作礼义。《左传》：民受天地之中以生，是以有动作礼义威仪之则。言人之动作，礼义三百，威仪三千，有法则也。以其为礼之大经曰《经礼》，以其为礼之大义曰《礼义》，其实一也。以其威可畏，仪可象，曰《威仪》，以其委曲繁重曰《曲礼》，实亦一也。《仪礼》十七篇之大纲，是谓《礼经》。其中曲礼，虽以凌次仲之《释例》，犹未尽其详也。《周官·冢宰》言六典之纲，是谓《礼经》，而九赋九式，未尝非《曲礼》。《大宗伯》言五礼之纲，是谓《礼经》，而《大行人·司仪》所言亦未尝非《曲礼》也。《戴记》如《冠义》《昏义》《乡饮酒义》《燕义》《射义》《聘义》，凡以义名者，古之所谓礼义，遗篇犹在，即为《礼经》，而其中言拜揖之仪、俎豆之数，非无《曲礼》。《少仪》《内则》《玉藻》，统言之皆为《曲礼》，而任翼圣分《内则》《少仪》《玉藻》为明伦之纲，《曲礼上》为敬身之纲，亦非无《礼经》也。诸书有经有曲，读者善会之。或谓《礼经》为常，《曲礼》为变，尤谬！

又论大小戴《礼记》的关系说：

《释文叙录》云：陈邵云：大戴删《古礼》二百四篇为八十五篇，谓之《大戴礼》。戴圣删《大戴礼》为四十九篇，是为《小戴礼》。隋《经籍志》云：《记》百三十一篇，刘向校得百三十篇，又得《明堂阴阳记》三十三篇、《孔子三朝记》七篇、《王史氏记》二十一篇、《乐记》二十三篇，凡五种合二百十四篇。戴德删其繁重，合为八十五篇，谓之《大戴记》，而戴圣又删大戴之书为四十六篇，谓之《小戴记》，汉末马融传小戴之学，又足《月令》一篇、《明堂位》一篇、《乐记》一篇，合四十九篇。

以周案：晋陈邵《周礼论序》，语皆失实。《汉志》：《记》百三十一篇、《明堂阴阳》三十三篇、《王史氏》二十一篇，盖古文也。大小戴所采记，今文为多。《大戴记》之存者，于《汉志》礼家诸记外，又取儒家《曾子》十八篇，存其十篇。《孙卿子》三十三篇，存其《问五义》《三本》《劝学》《宥座》数篇。《贾子》五十八篇，存其《保傅》诸篇。又取《论语》家《孔子三朝记》七篇。《小戴记》《奔丧》《投壶》诸篇，取诸《古礼经》。《乡饮酒义》《冠义》《昏义》《射义》《燕义》《聘义》，取诸《古礼记》。《三年问》《哀公问》诸篇，取诸《荀子》。又取儒家《子思子》二十三篇，存其《中庸》《表记》《坊记》《缁衣》四篇。取公孙尼子《乐记》二十三篇，存其十一，合为一篇。陈邵二百四篇，据刘向《别录》为言，其实二戴所取，不专在二百四篇中也。作《隋书》者改为二百十四篇，又以五种实有二百十五篇，遂谓《记》百三十一篇，刘向校得百三十篇，以合其数，误。杜氏《通典》又改《明堂阴阳记》为二十二篇，《王史氏记》为二十篇，总二百二篇，更误。又考《乐记》孔疏云：按《别录》，《礼记》四十篇，

《乐记》第十九，则《乐记》入《礼记》在刘向前，而四十九篇实为《小戴》之旧目矣。《后汉・桥玄传》云：七世祖仁从戴德学，著《礼记章句》四十九篇，成帝时为大鸿胪。戴德当作戴圣。汉《儒林传》曰：小戴授梁人桥仁、扬荣，家世传业。由是小戴有桥、扬之学。刘向校书秘府，与桥仁同时，所见篇目已为四十九，不待融足甚明。《隋志》欲以《小戴》所录，补《大戴》阙篇，尚多三篇，故以《月令》《明堂》《乐记》归之融入，以合其数。其实小戴之《记》，未必俱取大戴，戴东原、孔巽轩已详辨之。

窃考《诗・汾沮洳》正义引《大戴礼・辨名记》，《灵台》正义引《大戴礼・正穆篇》，《玉海》载沈约《谥法》十卷，《序》引《大戴礼》有《谥法》，《白虎通义》引《辨名记》曰《礼・别名记》，引《谥法》曰《礼记・谥法》，所云《礼》，皆据《大戴礼》为文，又别引《礼・三正记》《礼・五帝记》《礼・亲属记》，其亦为《大戴礼记》可知也。则《大戴》亡佚之篇非一同《小戴》，而《隋书》欲以《小戴》之四十六篇补其阙数，不亦诬乎？今《大戴记》三十八篇已上皆亡。中又阙四十三、四十四、四十五、六十一四篇及八十二以后四篇，凡存三十九篇，其实《大戴》篇第宜依司马贞所见本为定，凡存三十八篇。《史记索隐》云：《大戴礼》合八十五篇，其四十七篇亡，见今存者有三十八篇。钱竹汀谓唐以前《盛德》《明堂》不分为二，《迁庙》《衅庙》亦合为一。此说是也。

自宋以后，分窜篇第，于是有后出之本有四十篇之说。晁昭德云：今书四十篇，中有两七十四。陈振孙云：七十二复出一篇，实存四十篇。熊朋来、吴幼清皆云：七十三有二，总四十篇。所见本各不同。《小戴》四十九篇，郑渔仲谓即《后苍曲台记》，误。毛大可谓《仪礼》是《戴记》，四十九篇不是《戴记》，更谬。

《大戴记》的被重视

三礼之学是清儒朴学的一个重要内容。《周礼》有孙诒让的《正义》，是博大精深的一部新疏。《仪礼》有胡培翚的《正义》，也达到了超越旧疏的水平。唯《礼记》既是兼今古文学派著述汇萃的一部巨著，又兼有礼、乐古著内容，且通论、曲礼，兼容并包。但是清儒新疏中却没有一部较好的著述。孙希旦的《集解》，朱彬的《集释》，都是不够格的。要写出一部超过孔颖达的新疏，其犹有待。倒是《大戴礼记》既有孔广森的《补注》，而王树枏又加以《校正》，孙诒让复为《大戴礼记斠补》，其《序》讲此书的整理传授经过，至为详实，今逐录于此，以为治《礼》者参考：

《礼大戴记》汉时与《小戴》同立学官，义恉闳邃，符契无间。而《小戴》诵习二千年，昭然如揭日月，太傅《礼》乃残帙仅存，不绝若线，缀学者几不能举其篇目，何其隐显之殊绝与？

综而论之，二君咸最集古记，捃采极博。《大戴》虽残阙，而先秦遗籍，犹多存者。如《三朝记》为洙泗微言；《曾子》十篇义尤纯粹，与子思《中庸》、公孙龙子《坊记》《缁衣》相拟；而《天圆》《易本命》诸篇，究极天人，致为精眇。近儒多援四角不揜之难以证地圆，余谓《小正》实有夏遗典，所出最古，其『三月参则伏』传云：星无时而不见，我有不见之时，故云伏。其于地圆之理，盖尤明辨皙矣。

二《记》原流，刘氏《七略》，班氏《儒林传》所论略备。原其师授，咸本高堂生。而魏张稚让《进广雅表》说《尔雅》云：爰暨帝刘，鲁人叔孙通撰置《礼记》，文不违古。然则汉初撰集《礼记》，稷嗣实为首出导师，而高堂、后苍，咸在其后。故《大戴》旧本，亦兼述雅训。《白虎通义》引《礼亲属记》即其遗文。是则《大戴》师承既远，综览尤博，斯其左验矣。

自马、郑诂《礼》，唯释《小戴》，隋唐义疏家复专宗北海，八十五篇之《记》，遂无完书。今所存三十九篇为十三卷者，不审始于何时。东原戴氏据《隋·经籍志》谓《小戴》删《大戴》为四十六篇，与今《大戴》阙篇适合，证隋时传本已如是。然《经典释文·叙录》引晋陈邵《周礼论序》，先发此论，复谬悠，然可证彼时所传已与今同。若然，此《记》完本，殆亡于永嘉之乱乎？唐以后卢注亦阙大半，宋时虽称十四经，而自傅崧卿、杨简、王应麟诸家外，津逮殊尠。近代通人，始多治此学。而孔氏《补注》，最为善本。余昔尝就孔本研读，又尝得宝应刘楚桢年丈宝楠所录乾嘉经儒旧斠，多孙渊如、丁小雅、严九能、许周生诸家手记，又有赵雩门所斠残宋椠异文，与孔书小殊，并录于册耑，藏箧廿年，未遑理董也。己亥冬，既写定《周书斠补》，复取《大戴》校本别付写官，以刘录旧斠，传抄甚稀，虑其零落，并删定著之。

犹忆同治癸酉，侍先太仆君在江宁时，余方草创《周礼疏》，而楚桢丈子叔俛孝廉恭冕，适在书局刊补《论语正义》，亦甫成，时相过从，商榷经义。偶出《大戴》斠本示余，手录归之。叔俛喜曰：此本世无副迻，唯尝写寄绩溪胡子继教授培系，今子又录之，大江以南，遂有三本，可不至湮坠矣！又云：胡君为《大戴义疏》，方缀缉长编甚富，倘竟其业，诸家精论，必苞综无遗，它日当与《周礼疏》并行。但恐其书猝不易成耳。未几，余从先君子至皖，而胡君适为太平教授，曾一通问，未得读其所著书也。比余归里不数年，闻刘、胡两君相继物故。嗣胡君族子练溪太守元洁守温州，余从问君遗著，略述一二，而询以《大戴礼疏》则殊不了，殆未必成也。子胜斐然，中道废辍，刘君之语，不幸中矣！今者甄录诸家旧斠，亦以答刘君相示之意，而深惜胡疏之不得观其成。旧学日稀，大业未究，迻写之馀，所谓抚卷增喟者也。至此册识误匡违，米盐凌杂，聊为治此经者识小之助。于礼经大义，概乎其未有闻。窃念海内闳达，倘有踵胡君而为义疏者，或有取于是。冲远之博采皇熊，扔约之兼征卢戴，是则不佞所睎望于方来尔。光绪廿五年十二月。

孙书今已流播，而集卢、戴、孔、孙诸家之说而为义疏，则犹有待也。

廖平对今古经学多持平之论

廖平为经今文学派的大师，但是他对于古今两派多持平之论，《今古学考》卷下的《经话》说：

今学《礼》，汉以前有《孟》《荀》《墨》《韩》可考；古学则《国语》《周书》外，引用者不少。汉初，燕赵之书不盛传，贾、张以外，少所引用，然不能谓其出于晚近也。

又说：

《周礼》之书，疑是燕赵人在六国时因《周礼》不存，据已意，采简册，摹仿为之者。其先后大约与《左传》《毛诗》同。非周初之书也。何以言之？其所言之制，与《尚书》典礼不合，又与秦以前子书不同，且《孟子》言诸侯恶其害已，而去其籍。无缘当时复有如此巨帙流传，故予以为当时博雅君子所作，以与《王制》相异，亦如《左传》之意。其书不为今学所重，故《荀》《孟》皆不引用。其中礼制与《左传》不同，必非一人之作。但不识二书孰在前，孰在后，孰为主，孰为宾也。

又说：

史公不见《左传》，则天汉以前，固无其书。然《前汉·儒林传》谓张苍、贾谊传《左传》学，为作训解。《艺文志》无其书。则其说亦误袭古学家言也。

按：《国语》早出，而《左传》晚兴。张、贾所见，皆为《国语》。因其为左氏所辑，言皆记事，与虞氏、吕氏同有《春秋》之名，其称《左氏春秋》者，即谓《国语》，不谓《左传》。《左传》既出之后，因其全祖《国语》，遂冒左氏名，为《左氏传》。又以其传《春秋》，遂混《左氏春秋》之名。后人闻传《左氏春秋》，不以为《国语》，而以为《左传》，遂谓张、贾皆习《左传》，此其冒名混实之所由也。使当时有《左传》以传经，又有师说，张、贾贵显，何不求立学官？纵不立学官，何以刘子骏之前，无一人见之？太史公博极群书，只据《国语》，刘子骏《移太常书》只云庸生等与同，不云其书先见。班书又云：歆校书见《左传》而好之。是歆未校书以前，不见《左传》也。观此则张、贾不习《左传》，明矣。

前亦颇疑《左传》为河间人所伪造，有数事可以证其为先秦之书者：其书体大思精，鸿篇巨帙，汉人无此才，一也；刘子骏为汉人好古之最，犹不能得其意旨所在，则必非近作，二也；使果一人所为，则既成此书，必不忍弃置，且积久乃成，书刀不易，亦必有人治其学，传其事，书成以后，不授学者，而以全部送之秘府，又无别本，使非刘子骏，将与古文《尚书》同亡，至重不忍轻弃，三也；《曲礼》出在汉初，已为传记，则原书必不在文景之后，四也；西汉今学盛，使果西汉人作，必依附二家，不敢如此立异，五也。以旧说论之，驳左者谓成于建始，则不若是之迟；尊左者谓出于汉初，则不若是之早。能知迟早成出之原，则庶乎可与谈《左》学矣。

廖平歧视古文学派的两部大著作《周礼》与《左传》，其立场是坚定的。但是，他并没有随意给这两部大著

作扣上什么『新学』『伪经』的大帽子。康有为窃取了廖平之说，又出于他维新变法的政治需要，于是大骂刘歆，说他讲的不是汉学而是『新学』（因为刘歆在政治上依附了王莽），而他借王莽的政治力量使之立于学官的《周礼》与《左传》是『伪经』。康有为这样信口胡言，有他的政治目的，他那种政治尽管是改良主义，但在历史上还有它一定的进步作用，这我们可以理解他。但是，现在还有人拾康有为的唾馀，大讲刘歆伪造《左传》，那就只能是哗众取宠，所谓『攻难之士，求名而不得』的学术掮客了！这种转贩、攘窃行为，是为治经者所不取的。

俞正燮《春秋左传书式考》

古经和传，本是各自单行的。《易》的《彖》《象》传附上下《经》，在前文已经谈到。《春秋左氏传》也有这个问题。俞正燮《癸巳类稿》卷二有《春秋左传书式考》一篇，论此事最详。他说：

> 《汉书·艺文志》云：《春秋古经》十二篇，《左氏传》三十卷。此官书就所得《经》《传》各本也。其《经》十一卷，则两家立学官书，与《左氏》无涉。《儒林传》云：贾谊为《左氏传训故》。又云：平帝时立《左氏春秋》。《楚元王传》云：初《左氏传》多古字古言，学者传训故而已。及歆治《左氏》，引《传》文以解经，转相发明，由是章句义理备焉。是今《传》附《经》三十卷本，非西汉官本，乃刘歆引《传》解《经》本也。《后汉书》云：贾逵父徽，受业于歆，逵传父业。《南齐书·陆澄传》云：澄谓王俭曰：泰元取服虔而兼取贾陆《经》者，服《传》无《经》，虽在注中，而《传》又有无《经》者故也。今留服去贾，则《经》有所阙。是贾氏得刘本，亦《传》附《经》也。今杜本十八卷，襄公二十有六年《经》前

之《传》注云：当继前年之末，而特跳此者，传写失之。是杜预用旧本《传》附《经》。又此条《传》居十八卷首，讥其失不改也。杜言分《经》之年与《传》之年相附，随而解之，名曰《经传集解》。《正义》云：言集《经》《传》解之，与他名《集解》者名同实异。《正义》之说非是。杜谓集古刘贾许颍之不违者，以其解随经年传年先后相附。先见《传》者，则《经》不注；先见《经》者，则《传》不注，故名《经传集解》，不名《集经传解》也。以《汉志·传》及杜十八卷首注言之，知合《经》《传》及分卷皆刘歆、贾逵旧式。惟服虔为《左传》单行本。

这里说明《春秋经》与《左传》合，不是杜预所为，而是刘歆、贾逵旧式。对于《春秋左氏传》的原貌，是讲述得很清楚的。

文集中有经学

《颜氏家训·勉学篇》说：

俗间儒士，不涉群书，经纬之外，义疏而已。吾初入邺，与博陵崔文彦交游，尝说《王粲集》中难郑玄《尚书》事。崔转为诸儒道之。始将发口，悬见排蹙，云：文集只有诗赋铭诔，岂当论经书事乎？且先儒之中，未闻有王粲也。崔笑而退，竟不以《粲集》示之。

魏收之在议曹，与诸博士议宗庙事，引据《汉书》。博士笑曰：未闻《汉书》得证经术。收便忿怒，都不复言，取《韦玄成传》掷之而起。博士一夜共披寻之，达明，乃来谢曰：『不谓玄成如此学也。』

这里所举的两事例都说明俗儒眼光狭隘，不读群书。其实经学材料散见于群书者，何止这些。刘知几和司马贞争论《孝经注》是否出于郑玄事，其文即见《文苑英华》卷七百六十六。俗儒闻《文苑英华》有经学史料，亦恐将有掩耳以为怪事者。关于郑注真伪问题，严可均《孝经郑注考》辨之最明，他说，郑玄注《孝经》在前，注三《礼》在后，故有前后见解不完全相同之处。此文在《铁桥漫稿》卷四中，《铁桥漫稿》也即是俗儒认为『只有诗赋』的文集。不读群书即谈不上经学，举此可以佐证颜之推之说。

汉人都读《孝经》

《汉书・霍光传》载霍光用皇太后的诏废昌邑王贺：

光令王起拜受诏。王曰：闻天子有争臣七人，虽亡道，不失天下。光曰：皇太后诏废，安得天子！

这一段记载写得十分生动。昌邑王引用的正是《孝经・谏降章》里的话。这可以证明，汉人都是熟读《孝经》的，连荒淫无道的昌邑王贺也不例外。而且这句话很有道理，说昌邑王贺的荒谬行为，霍光本人不劝谏，也有责任。霍光的回答之语，只能搬起皇太后诏，实在狼狈不堪。说明他在读书这一点上，并不如昌邑王。后来他说：『公卿大臣当用有经术明于大谊者。』（见《隽不疑传》，此据《通鉴》卷二十四订正）这就是他内疚的自白。

半部《论语》治天下

《宋史·赵普传》：

普少习吏事，寡学术。及为相，太祖常劝以读书。晚年手不释卷。每归私第，阖户启箧取书，读之竟日，及次日临政，处决如流。既薨，家人发箧视之，则《论语》二十篇也。

又：

论曰：家人见其断国大议，闭户观书，取决方策。他日窃视，乃《鲁论》耳。

《鹤林玉露》乙编卷一《论语》条云：

杜少陵诗云：小儿学问止《论语》，大儿结束随商贾。（《最能行》）盖以《论语》为儿童之书也。赵普再相，人言：普，山东人，所读者止《论语》。盖亦少陵之说也。太宗尝以此语问普。普略不隐，对曰：臣平生所知，诚不出此。普以其半辅太祖定天下，今欲以其半辅陛下致太平。普之相业，固未能无愧于《论语》，而其言则天下之至言也。朱文公曰：某少时读《论语》便知爱，自后求一书似此者卒无有。

章炳麟说：

《论语》所说，理关盛衰。赵普称半部治天下，非尽唐大无验之谈。（《蓟汉微言》）

《朱子语类》卷十九说：

《语》《孟》工夫少，得效多；六经工夫多，得效少。

从上面举的这些故事和议论看，都可以说明治经学宜先从《论语》入手。

朱熹谈《论语》《孟子》

朱熹是在《论语》和《孟子》上下了很大工夫的。他说：

《孟子》要熟读，《论语》却费思索。《孟子》熟读易见，盖缘是它有许多答问发扬。

又说：

人有言：理会得《论语》，便是孔子；理会得《七篇》，便是孟子。子细看，亦是如此。盖《论语》中言语，真能穷究极其纤悉，无不透彻，如从孔子肚里穿过，孔子肝肺尽知了，岂不是孔子！《七篇》中言语，真能穷究透彻，无一不尽，如从孟子肚里穿过，孟子肝肺尽知了，岂不是孟子！

又说：

孔子之言，多且是泛说做工夫，如居处恭，执事敬，言忠信，行笃敬之类，未说此是要理会甚么物。待学者做得工夫透彻，却就其中见得体段是如此。至孟子，则恐人不理会得，又躜进一著说，如恻隐之心与学问之道，求放心之类，说得渐渐亲切。今人将孔孟之言都只恁地草率看过了。

又说：

问：《论语》一书未尝说一心字。至孟子，只管拈人心字说来说去：曰推是心，曰求放心，曰尽心，曰赤子之心，曰存心。莫是孔门学者自知理会个心，故不待圣人苦口；到孟子时，世变既远，人才渐渐不如古，故孟子极力与言，要他从个本原处理会否？曰：孔门虽不曾说心，然答弟子问仁处，非理会心而何？仁即心也。但当时不说个心字耳。此处当自思之，亦未是大疑处。

又说：

或问：孟子说仁字，义甚分明；孔子都不曾分晓说，是如何？曰，孔子未尝不说，只是公自不会看耳。譬如今沙糖，孟子但说糖味甜耳。孔子虽不如此说，却只将糖与人吃，人若肯吃，则其味之甜，自不待说而知也。

又说：

《论语》多门弟子所集，故言语时有长长短短不类处。《孟子》，疑自著之书，故首尾文字一体，无些子瑕疵。不是自下手，安得如此！若是门弟子集，则其人亦甚高。不可谓轲死不传。（以上并见《朱子语类》卷十九）

这些话对于研治《语》《孟》，都很有启发性。

汪中《大学平议》

宋儒从《礼记》中取出《大学》《中庸》二篇，与《论语》《孟子》相配，称为《四书》。《中庸》为子思所作，已见郑玄《三礼目录》。《汉书·艺文志》即有《中庸说》单行。宋散骑常侍戴颙作《礼记中庸传》二卷（颙字仲若，见《宋书·隐逸传》），梁武帝作《中庸讲疏》一卷，皆见《隋书·经籍志》。是则此书为子思所作，并早已单行，悉无问题。唯《大学》宋儒以为曾子述孔子之言，并区分为《经》一章、《传》十章，则毫无依据。段玉裁《戴东原先生年谱》在雍正十年戴震十岁时记：

> 先生是年乃能言，盖聪明蕴蓄者深矣。就傅读书，过目成诵，日数千言不肯休。授《大学章句》至右经一章以下，问塾师：此何以知为孔子之言而曾子述之？又何以知为曾子之意而门人记之？师应之曰：此朱文公所说。即问：朱文公何时人？曰：宋朝人。孔子、曾子何时人？曰：周朝人。周朝、宋朝相去几何时矣？曰：几二千年矣。然则朱文公何以知然？师无以应。曰：此非常儿也！（此事又见《汉学师承记》卷五《戴震传》）

戴震的这一问题，是提得十分尖锐的。汪中有《大学平议》一篇，阐论这个问题，谈得比较全面，今迻录如下：

> 《大学》其文平正无疵，与《坊记》《表记》《缁衣》伯仲，为七十子后学者所记，于孔氏为支流馀

裔，师师相传，不言出自曾子。视《曾子问》《曾子立事》诸篇，非其伦也！宋世禅学盛行，士君子入之既深，遂以被诸孔子。是故求之经典，为《大学》之格物致知可与傅合，而未能畅其旨也，一以为误，一以为缺。举平日之所心得者，著之于书，以为本义固然，然后欲俯则俯，欲仰则仰，而莫之违矣。习非胜是，一国皆狂。即有特识之士，发寤于心，止于更定其文，以与之争，则亦不思之过也。诚知其为儒家之绪言，记《礼》者之通论，孔门设教，初未尝以为至德要道，而使人必出于其途，则无能置其口矣。

周秦古书，凡一篇述数事，则必先详其目，而后备言之。其在《逸周书》《管子》《韩非子》至多。本书《祭统》之十伦，《孔子闲居》之五至三无，皆是也。今定为《经》《传》，以为二人之辞，而首末相应，实出一口。殆非所以解经也。意者不托之孔子，则其道不尊，而中引曾子，则又不便。于事必如是而后安尔。门人记孔子之言必称子曰、子言之、孔子曰、夫子之言曰以显之。今《大学》不著何人之言，以为孔子，义无所据。

孔子曰：中人以上，可以语上也；中人以下，不可以语上也。明乎教非一术，必因乎其人也。其见《论语》者，问仁问政，所答无一同者。闻斯行诸，判然相反。此其所以为孔门也。标《大学》以为纲，而驱天下从之，此宋以后门户之争，孔氏不然也。宋儒既借《大学》以行其说，虑其孤立无辅，则牵引《中庸》以配之。然曾子受业于孔门，而子思则其孙也。今以次于《论语》之前，无乃颠乎？盖欲其说先入乎人心，使之合同而化，然后变易孔氏之义，而莫之非，所以善用其术，而名分不能顾也。（《述学·补遗》）

对《大学》怎样研究评价，这是经学上可以讨论的问题。但把它定为曾子所述，而且认为有《经》有《传》，又把它肯定为「初学入德之门」：这些不附合科学的作法；我是赞成戴、汪两氏之说，予以驳斥的。

《尔雅》重农

《尔雅》并非语言专书，上文已有所论列。今案《尔雅》凡《释诂》以下三篇四卷为语言训诂，即以四卷而论，也不过占全书二十卷的百分之二十而已。《释草》《释木》《释虫》《释鱼》《释鸟》《释兽》《释畜》凡七目，皆与生物有关，占全书的百分之三十五，可以见其比重。生物则与农业有关。若加上《释地》《释丘》《释山》《释水》，也莫不关系农业：则凡十一篇，占全书的百分之五十五。可以见其分量矣。中国古代以农立国，如果说农业科学也应从中国实际出发，考虑中国特色，则《尔雅》实为必读的一部要籍。孙诒让有《与友人论动物学书》，载在《籀高述林》卷十。所论颇有分际，若谓近代知识分子注意这一问题，则孙诒让可以算是一个代表人物。可惜这篇文章太长，无法收录。但他中间说：

> 惜西人于中国古籍，尟能淹贯，不能稽其异同。

他自述说：

> 不佞谫陋，间就译册研涉一二，尝取其说与中籍互相推校，颇多符合。

这种比较研究的精神，实在是迫切地需要推广到这一类书中来。

王昶跋《礼器碑》谈谶纬

关于谶纬之说，上文《分论》中专立一章，并引刘师培《谶纬论》。今案：后汉桓帝永寿二年（一百五十六）建立在山东曲阜孔庙的《韩敕造孔庙礼器碑》，文中用谶纬之说甚多，诸家题跋，论及者不少。此碑文载在《金石萃编》卷九，王昶有一段较长的跋语，论谶纬颇有独到的见解，现在录载于此：

按谶之作，其来已久。《隋书·经籍志》云：《河图》《洛书》以纪易代之征，其理幽昧，究极神道。先王恐其惑人，秘而不传。说者又云：孔子既叙《六经》，别立谶纬，以遗来世。其书出于前汉，有《河图》九篇、《洛书》六篇，云：自黄帝至周文王所受本文。又别有三十篇，云：自周初至于孔子九圣之所增演，以广其意。又有《七经纬》三十六篇，并云：孔子所作云云。考公羊子高受经于子夏，其传《春秋》，多舍《左传》而从《春秋说》，文见于何休注者甚众。则其书传自孔门弟子无疑。其以为出于汉初及起于西汉哀平之世者，皆非也。

纬书中间，有事涉迂缪及后世之事，疑皆妄人附益，而以之参验《六经》，殊足以资闻见。故太史公撰《五帝本纪》，于《世本》《国语》《三传》之外，兼采及之。孟喜注《易》『七日来复』，谓卦气起中孚，则用《易纬稽览图》；贾逵注《左传》『九丘』，称孔子作《春秋》立素王之法，则用《春秋纬》；赵岐注《孟子》，论《尚书》百二十篇，则用《春秋说题辞》；论命有三名，则用《孝经援神契》；许慎撰《说文解字》，引孔子云：推十合一为士，禾入水为黍，则用《元命包》；引子欲居九夷从凤嬉，则用《论语摘衰圣》；而郑康成《礼注》《诗笺》二书，取纬书以资发明者，尤不胜举；且郑于《河图》《易纬》

《尚书纬》《尚书中候》《礼纬》《礼记默房》，并为之注。可见纬与经实相表里，不为大儒所弃如此。汉时且诏东平王苍正《五经章句》，皆命从谶。

朱氏彝尊谓终东汉之世以通七纬者为内学，通五经者为外学。其见于范史无论。谢承《后汉书》称姚浚尤明图纬秘奥；又称姜肱博通《五经》，兼明星纬。载稽之碑碣：于有道先生郭泰则云：考览《六经》，探综图纬。于太傅胡广则云：探孔子之房奥。于琅邪王傅蔡朗则云：包洞典籍，刊摘沉秘。于大鸿胪李休则云：既综七籍，又精群纬。于国三老袁良则云：亲执经纬，檃括在手。于太尉杨震则云：明河洛纬度，穷神知变。于山阳太守祝睦则云：七典并立。又云：该洞七典，探赜穷神。于成赐令唐扶则云：综纬河洛，吐嚼七经。于酸枣令刘熊则云：敦五经之纬图，兼古业，覈其妙，七业勃然而兴。于高阳令杨著则云：穷七道之奥。于郃阳令曹全则云：甄极毖纬，靡文不综。于藁长蔡湛则云：少耽七典。于从事武梁则云：兼通河洛。于冀州从事张表则云：该览群纬，靡不究穷。于广汉属国都尉丁鲂则云：兼究秘纬。于广汉属国侯李翊则云：通经综纬。至于颂孔子之圣，称其钩河摘洛。盖当时之论，咸以内学为重，及昭烈即位，群臣劝进，广引《洛书》《孝经纬》文。萧绮所云『谶辞烦于汉末』，不诬也。

祖案：唐制四部图籍，甲部为经，其类有十。九曰图纬，以纪《六经谶候》。故唐儒撰群经《正义》，亦知遵信谶纬。而《艺文类聚》《北堂书钞》《初学记》《白孔六帖》诸类书，征引尤夥。盖自汉以来，博古之士，多喜习之。即有不能深信者，亦未竟斥为异端。自欧阳氏有《论九经请删除正义中谶纬札子》，而魏了翁作《九经正义》，尽削去之。自是厥后，学者同声附和，而纬书遂致散佚，仅有存者，良可叹惜也。

夫谶纬中荒渺不经，本所难免。且其记述，兼及三代以上帝王受命发祥制作之事，后人目不见上古之书，无从辨其是非，辄生訾毁，固无足怪。然即纬书之文证之《六经》，亦无大异。今试比而论之：纬言伏羲氏有天下，龙马负图出于河（《尚书中候握河纪》）。黄帝出游洛水之上，见大鱼醮之，鱼流于海，始得图书（《河图帝视萌》）；苍颉皇帝南巡元扈洛汭之水，灵龟负书以授之（《河图玉版》）；尧沉璧于河，元龟负书止坛，舜沉璧于清河，黄龙负图出水（并《握河纪》）；禹长于地理水泉九州，得括地象（《尚书刑德放》）；汤观于洛，沉璧而黑龟与之书（《中候洛子命》）；武王观于洛，沉璧，礼毕，青龙临坛，衔元甲之图，吐之而去；元龟负图出洛，周公援笔，以时文写之（并《握河纪》），皆与《易》「河出图，洛出书，天垂象，圣人则之」，《书》「天乃锡禹洪范九畴」之义合。天人感应，理固有之。而云：伏羲德洽上下，天应之以鸟兽文章，地应之以龟书，乃作《易》（《礼含文嘉》）。奎主文章，苍颉效象洛书，曜书丹青，垂萌文字（《援神契》）。又与《易》论伏羲画卦，取象天文地理人伦鸟兽之语，悉悉相符也。纬言轩辕氏麒麟在囿，凤皇来仪，尧即政七年，凤皇止庭，巢阿阁欢树，伯禹拜曰：黄帝轩提象凤皇巢阿阁（并《中候》）。舜受终，凤皇仪，黄龙感（《洛书灵准听》）。周公作乐而治，蓂荚生（《中候》），非即《书》「击石拊石，凤皇来仪」，《国语》「鸑鷟鸣于岐山」，《礼记》「四灵为畜」之事乎？纬言禹授启，握元圭，刻曰延喜之玉，受德，天赐之佩（《尚书璇玑钤》），非即禹锡元圭之事乎？纬言禹将受位，天意大变，迅风雷雨，以明将去虞而适夏（《乐稽耀嘉》），非即《书》「烈风雷雨」「天大雷电以风」之类乎？纬言大节出雷泽，华胥履之生伏羲（《诗含神雾》）。少典妃安登游于华阳，有神龙首，感之于常羊，生神农（《元命包》）。附宝出降，大雷，生帝轩（《孝经钩命决》）；大节如虹，下流华渚，女节梦意，感生朱宣（《元命包》）；瑶光之星如蜺贯日，感女枢于幽房之宫，生黑帝颛顼（《河图》）；天大雷电，有血流润大石之中，生尧母庆都，有赤龙负图，与庆都意感，有娠生尧（《春秋合诚图》）；握登见大虹，意感生舜（《含神雾》）；修己山行，见流星，意感栗然，生姒戎文禹（《尚书帝命验》）；扶始升高丘，睹白虎上有云如虎之状，感己生皋陶（《元命包》）；扶都见白气贯月，感生黑帝汤。太任梦长人感己，生文王（并《含神雾》），即《诗》『天命玄鸟，降而生商』，『履帝武敏歆』之类。而云尧母萌之，元云入户，蛟龙守门（《易坤灵图》）；尧母蔑食不饥，常若有神随之者（《合诚图》），亦与后稷『鸟覆翼之，牛羊腓字之』，事绝相似也。纬言伏羲日角连衡珠（《援神契》），黑帝修颈，黄帝兑颐（并《论语摘辅象》），苍颉四目（《演孔图》），轩辕骈干（《元命包》），帝喾骈齿（《河图矩起》），尧眉八彩（《元命包》），舜目四童（《演孔图》），禹耳三漏，皋陶马喙，汤臂三肘（并《礼说》），伊尹面赤色而髯（《春秋考异邮》），文王四乳，武王望羊，周公背偻（并《礼说》），非即《左传》文公骈胁，成公黑臀，樾椒蜂目豺声之类乎？纬言神农生而能言，五日而能行，七朝而齿具，三岁而知稼穑般戏之事（《元命包》）；附宝生轩，胸文曰黄帝子（《河图握拒》）；苍帝生而能书（《元命包》），非即《左传》周灵王生而有髭，鲁夫人季友生有手文之事乎？纬言燧人四佐、伏羲六佐、黄帝七辅（《摘辅象》），即《论语》《春秋内外传》舜五人、文王四友、武王十乱之类。而风后、天老、五圣、知命、窥纪、地典、力墨、七辅等名，学者以经传无可证，斥为伪托，则《书》云：朱虎熊罴，殳斨伯；与《诗》云：皇父仲允，番聚蹶楀，诸臣亦不见于经传，而从无人议之者，又何说也？纬言五岳吐精生圣人（《钩命决》），非即《诗》『维岳降神，生甫及申』之事乎？纬言尧受图书，已有稷名在箓（《中候苗兴》）；尧梦白虎遗吾马喙子，举皋陶为大理（《元命包》）；文王梦田获熊而得太公望（《中候洛师谋》）；朱雀衔丹书入节止，昌再拜稽首，至于磻溪之水，吕尚钓涯下，王下趣拜曰：公望七年，乃见光景于斯，非即《书》高宗梦赉良弼，说筑傅岩维肖之类乎？纬言孔子夜梦刍儿捶麟伤其前左足，束薪而覆之，孔子发薪下麟视之。麟蒙其耳，吐书三卷，孔子精而读之（《援神契》），非即孔子梦奠两楹之类乎？纬言颛顼氏有三子，生而亡去，一为疫鬼，一为疟鬼，一为小鬼。非即《左传》实沈台骀为祟，黄熊入于羽渊，伯有为厉之类乎？纬又言太子发渡河中流，火流为乌，其色赤（《帝命验》《中候合符后》），武王得兵钤，谋东观，白鱼入舟，俯取鱼以燎（《璇玑钤》）。按赤乌、白鱼二事，即今文《泰誓》之文，具见《史记》，《古文尚书》既不足信，将因纬书而并疑今文，可乎？且也，五帝之称，始于三《礼》，而纬书详五帝灵威仰、赤熛怒、含枢纽、白招拒、汁光纪五名，与《尔雅》所载青阳、朱明、白藏、元英诸目何异？西王母之名始于《尔雅》，而纬书述西王母于大荒之国，得益地图，献之于舜（《帝命验》），正合四荒之义，且与空同、丹穴、太平、大蒙诸国，均无经文可证也。纬又言天皇九翼（《河图括地象》），人皇九头（《命历序》），及穿胸、儋耳之国（《论语撰考谶》）。从昆仑以北九万里，得龙伯国，人长三十丈，以东得大秦国，人长十丈，又以东十万里得仙人园，长三丈五尺又以东十万里得中秦国，人长一丈（《河图龙文》）。蚩尤兄弟八十一人，并兽身人语，铜头铁额（《尤鱼河图》）。北东极有人长九寸（《含神雾》），北极下有一脚人（《玉版》）。核之《春秋三传》，侨如棼如兄弟，佚宕中国及《国语》防风氏骨节专车之说，是上古遐陬，奇怪之事，亦圣贤所乐道，而《尔雅》记鲽缣、邛蟨、迭食、迭望诸异，亦皆当时中国所无，何以言之甚悉？今比目鱼海滨多有之，则其三者，皆可确信。既信比肩之民，则穿胸儋耳，何独疑之？即其所言后世事，如『祖龙来，天宝开』（《尚书考灵曜》《河图天灵》）；『卯金刀，名为刘，中国东南出荆州，赤帝后，次代周』（《演孔图》）；『帝刘之秀，九名之世，帝行德，封刻政』（《河图合古篇》）；『废昌帝，立公孙』（《河图箓运法》）；『代赤眉者魏公子』（《春秋玉版谶》）；『鬼在山，禾女连』『言居东，西有午，两日并光日居下』（并《易说》），此等语半出妄人附会，殊为乖诞。然按《左传》所引鹳鹆之谣，传自文成之世，而已知裯父宋父两名，即龙尾谣云：虢公其奔，取虢之旂，亦必非事后之语，而《传》载列国占筮爻辞，凡数十百年以后之事，无不先有主名，凿凿可数。则《礼》所云：至诚之道必有前知，见乎蓍龟，动乎四体者，圣人亦尝言之，以为必无其事，岂尽然与？

凡此之类，皆后人痛诋纬书，所执为口实者，不知其说皆可与《六经》互证，纬可疑，经则断不疑也。更有取者，纬言舜以太尉受号，即位为天子（《春秋运斗枢》），稷为司马（《刑德放》），可广唐虞司空司徒虞士诸名，以考三代官制。纬言祷请山川辞云：「方今天旱，野无生稼，寡人当死，百姓何依？不敢烦民请命，愿抚万民，以身塞无状。」（《考异邮》）可见古人祭祀，皆有祝辞，《礼记》祭坊水庸，《论语》子路诔孔子，即其证也。学者苟能择而从之，是亦博闻之助，安见好古苦晚耶？至其论天文日月五星变动之占，及地理生物之殊异，道里之远近，显者足以配《洪范五行》，精者可以考正历书地志之误。故蔡沈《书集传》所称周天三百六十五度四分度之一，即《考灵曜》及《洛书增耀度》之文。黑道二去黄道北，赤道二去黄道南，白道二去黄道西，青道二去黄道东，即《河图帝览嬉》之文。而朱子注《论语》，伏羲龙马负图，注《楚辞》，昆仑者地之中也，地下有八柱，互相牵制，名山大川，孔穴相通，并《河图》之文。《洛书》四十五点，邵子以来，传为秘钥，其法出于太乙九宫，实即《易纬乾凿度》之文。是有宋理学大儒亦不能尽弃其学，而欧阳氏、魏了翁辈欲皆去之，真所谓因噎而废食矣！

汉时碑刻，多用谶纬成文，论金石者概讥其谬，不知纬与经原无大异。经所不尽，政当以纬补之。若以纬书荒渺，则《六经》之言，其似纬书所云，曷可胜纪！将尽删之，可乎？朱氏《说纬》一篇，至为精博，而据《谯敏碑》语，谓其学远出谯氏、京氏，盖非探原之论，且不推本经义，证明其说，恐仍未能息群喙也。昶故复申辩于此，以祛浅见之惑。

王昶此跋，即刘师培《谶纬论》所本，原原本本，语皆有据。刘勰所谓「有益文章」者，亦得以具体落实。

如果从古代民俗、原始宗教的角度从事研究，图谶纬候之类的典籍确实反映了不少问题。当然，王昶还不可能如此着想。我国古代学者搜采了不少关于谶纬的遗逸资料，而大规模的现代著作《纬书集成》却出于日本学者中村璋八先生之手，可为太息！

章炳麟《新定助词辨》

经学的研究领域里，本有「小学」一个部类。古代汉语这一学科，原是属于经学的。语词和古代典籍的语言规律，清儒是十分重视，也取得了很大成就的。可有些人把问题简单化了。好像懂点语词，掌握点语言规律，便毫不费劲地可以通经了。王引之写了《经传释词》，于是什么「补」「再补」不断出现；俞樾写了《古书疑义举例》，于是什么「广」「再广」，也层出不穷。连篇累牍，重规叠矩，不免有庸俗之感、翻复之厌。章炳麟《王伯申新定助词辨》云：

高邮王氏父子，精研故训，所到冰释，人以为无间然矣。石臞苦心寻绎，积六十年，得之既不易，言之殊未敢肆。伯申承其父业，与艰难构造者自殊。《述闻》一编，诚多精诣。然其改易旧说，亦有可已而不已者矣。其始创作《经传释词》，晚又于《述闻》中著《语词误解以实义》一条，骤聆其说，虽宿儒无以自解，而卤莽灭裂处亦多。肆意造词，视为习贯。且有旧解非误而强词夺之者，亦有本非臆造而不能援古训比声音以自证者。今为驳证数事，以尽后生之责，非欲苟为立异，要使瑾瑜无瑕，方为纯美尔。

章氏所指出的问题很中肯，态度也是诚恳的。今举其所辨证的二例：

徂，及也。《周颂·绿衣》曰：自堂徂基，自羊徂牛。言自堂及基，自羊及牛也。

炳麟案：以及训徂，臆造无据。推王意，以为堂与基可言往，羊与牛不可言往尔。不悟羊牛各有顿置之处，就其处言，故云自羊往牛。旧说本无误也。如言由尧舜至于汤，由汤至于文王，皆就时代言，故得言由言至，若如王氏意，固不得由也，亦不得至也。

又：

夷，语助也。《大雅·瞻仰》曰：靡有夷届。靡有夷瘳。言无有终极，无有愈时也。《昭二十四左传》曰：纣有亿兆夷人。言有亿兆人也。《孟子·尽心》曰：夷考其行而不掩焉者也。言考其行而不掩也。

炳麟案：《秋官·行夫》：焉使则介之。故书作夷使。玄谓夷发声。《诗》之夷届夷瘳，自可从发声之说。若《孟子》之夷考其行，夷正借为焉字。焉，于是也。言于是考其行也。此在《荀子》，则音小变作案矣。至《春秋传》引书之纣有亿兆夷人，与余有乱臣十人相对，必当有所指斥。何得泛以语助解之？

这两个例子，是有启发性的（见《太炎文录续编》卷一，《章氏丛书》三编）。「虚词误解以实义」，固不应该；但有实义之词，往往以语词释之，也恐不免要闹胶柱鼓瑟的笑话的。

王国维论《诗》《书》成语

王国维《观堂集林》卷二有《与友人论〈诗〉〈书〉中成语书》两篇，所提出的「成语」，即是不能用简单的词语条例所能解决的问题。王国维说：

《诗》《书》为人人诵习之书，然于六艺中最难读。以弟之愚暗，于《书》所不能解者殆十之五，于《诗》亦十之一二。此非独弟所不能解也，汉魏以来诸大师未尝不强为之说，然其说终不可通，以是知先儒亦不能解也。其难解之故有三：讹阙，一也（此以《尚书》为甚）。古语与今语不同，二也。古人颇用成语，其成语之意义，与其中单语分别之意义又不同，三也。唐宋之成语，吾得由汉魏六朝人书解之；汉魏之成语，吾得由周秦人书解之；至于《诗》《书》，则书更无古于是者，其成语之数数见者，得比校之而求其相沿之意义，否则不能赞一辞。若合其中之单语解之，未有不龃龉者。试举一二例言之。

如「不淑」一语，其本意谓不善也。不善或以性行言，或以遭际言。而「不淑」古用为遭际不善之专名。《杂记》记诸侯相吊辞，相者请事，客曰：寡人使某如何不淑。致命曰：寡人闻君之丧，寡君使某如何不淑。《曲礼》注云：相传有吊辞云：皇天降灾，子遭罹之，如何不淑。如何不淑者，谓遭此不幸，将如之何也。《左·庄十年传》：宋大水，公使吊焉，曰：天作淫雨，害于粢盛，若之何不吊！又《襄十四年传》：公使厚成叔吊于卫，曰：寡君使瘠，闻君不抚社稷而越在他竟，若之何不吊！古吊淑同字，若之何不吊，亦即如何不淑也。是如何不淑者，古之成语，于吊死唁生皆用之。《诗·鄘风》：子之不淑，云如之何！正用此语。意谓宣姜本宜与君子偕老，而宣公先卒，则子之不淑云如之何矣。不斥宣姜之失德，而但言其遭际之不幸，诗人之厚也。《王风》：遇人之不淑。亦犹言遇人之艰难，不责其夫之见弃，而但言其遭际之不幸，亦诗人之厚也。诗人所用，皆当时成语，有相沿之意义。毛郑胥以不善释之，失其旨矣。

古又有「陟降」一语。古人言陟降，犹今人言往来，不必兼陟与降二义。《周颂》：念兹皇祖，陟降庭止。陟降厥士，日监在兹。意以降为主，而兼言陟者也。《大雅》：文王陟降，在帝左右。此以陟为主，而兼言降者也。故陟降者，古之成语也。陟降亦作陟各，《左·昭七年传》：叔父陟恪，在我先王之左右。正用《大雅》语。恪者，各之借字。是陟各即陟降也。古陟登声相近，各格假字又相通，故陟各又作登假。《曲礼》告丧曰：天王登假。《庄子·德充符》：彼且择日而登假。《大宗师》：是知之能登假于道也若此。登假亦即陟降也。又作登遐。《墨子·节葬篇》：秦之西有义渠之国者，其亲戚死，聚柴薪而焚之，燻上则谓之登遐。登遐亦即陟降也。登假登遐，后世用为崩薨之专语，而通语之陟降，别以登降升降二语代之。然四语所从出之源，尚历历可指。《书·文侯之命》言昭登于上。《诗·大雅》言昭假于下。登与假相对为文，是登假即陟降之证也。《左传》之陟恪，《曲礼》之登假，《墨子》之登遐，皆谓登而不谓降，此又《大雅》之陟降不当分释为上下二义之证也。《诗》《书》中语，此类者颇多，姑举其一二可知者，知字义之有转移，又知古代已有成语，则古书者，可无以文害辞，以辞害志之失矣。

又云：

古之成语有可由《诗》《书》本文比校知之者。如高邮王氏之释《书》「猷裕」、《诗》「靡盐」，瑞安孙氏之释《书》「棐忱棐彝」、《诗》「不殄不瑕」，皆是也。今尚有可说者，如《书·康诰》云：汝陈时臬司。孔《传》读司字下属，案下文云：汝陈时臬事，古司事通用，则臬司即臬事，孔读失之。又云：我时其惟殷先哲王德，用康乂民作求，《传》说未了。案《诗·大雅》：王配于京，世德作求。求者，仇之假借字。仇，匹也。作求，犹言作匹作配，《诗》言作对也。《康诰》言与殷先王之德能安治民为仇匹，《大雅》言与先世之有德者为仇匹，故同用此语。郑《笺》训求为终者亦失之。

《酒诰》云：惟天降命肇我民。天降命正与下文天降威相对为文。《多方》云：天大降显休命于成汤。

是也。《传》以为天下教令者失之。天降命于君，谓付以天下；君降命于民，则谓全其生命，《多士》云：昔朕来自奄，予大降尔四国民命。《多方》云：予惟大降尔命，尔罔不知。又云：我惟大降尔四国民命。又云：乃有不用我降尔命，我乃其大罚殛之。盖四国之民与武庚为乱，成王不杀而迁之，是重予以性命也。《传》以民命为四国君，以降为杀，大失经旨矣。

《酒诰》云：汝劼毖殷献臣。劼毖义不可通。案上文，厥诰毖庶邦庶士，劼毖殆诰毖之讹。又云：汝典听朕毖，亦与上具尔典听朕教文例正同，则毖与诰教同义，《传》释劼为固，释毖为慎，亦大失经旨矣。《梓材》云：庶邦享，作兄弟方来。兄弟方，与《易》之不宁方，《诗》之不庭方，皆三字为句。方，犹国也。《传》于兄弟句绝，又以方为万方，亦失经旨。《鲁颂》：鲁邦是常。《笺》云：常，守也。《商颂》曰：商是常。《笺》云：成汤之时，乃氐羌远夷之国来献来见，曰是我常君也。实则常当为尚，《大雅》：肆皇天弗尚。《墨子·非命下》引《去发》曰：谓人有命，谓敬不可行，谓祭无益，谓暴无伤。上帝不常，九有以亡。上帝不常，即上帝弗尚。陈侯因资敦，永为典尚，典尚即典常，古常尚二字通用，尚之言右也。此皆可由《诗》《书》比校知之者也。

其馀《诗》《书》中语，不经见于本书而旁见彝器者，亦得比校而追其意义。如《书·金滕》云：敷佑四方。《传》云：布其德教以佑助四方。案《盂鼎》云：匍有四方。知佑为有之假借，非佑助之谓矣。《多方》云：越惟有胥伯小大多正。尔罔不克臬。胥伯，《尚书大传》作胥赋。案《毛公鼎》云：执小大楚赋。楚胥皆以疋为声，是《大传》作胥赋为长。而小大多正，当亦指布缕、粟米、力役诸征，非《孔传》伯长正官之谓矣。《诗·羔裘》云：舍命不渝。《笺》云：是子处命不变，谓守死善道，见危授命之等。案《克鼎》云：王使善夫克舍命于成周。《毛公鼎》云：厥非先告父厝，父厝舍命，毋有敢蠢，尃命于外。是舍命与専命同意。舍命不渝，谓如晋解扬之致其君命，非处命之谓也。《楚茨》云：先祖是皇，神保是飨。又云：神保是格。又云：钟鼓送尸，神保聿归。《传》《笺》皆训保为安，不以神保为一语。朱子始引《楚辞》灵保以正之。今案《克鼎》云：巠（经）念厥圣保祖师㮚父。是神保、圣保皆祖考之异名。《诗》之先祖是皇，神保是飨。皇尸载起，神保聿归。皆相互为文，非安飨安归之谓也。《文王》：永言配命，自求多福。《传》云：永，长；言，我也。我长配天命而行。案《毛公鼎》：皇天弘厌厥德，配我有周，膺受大命。又云：丕巩先王配命。配命，谓天所畀之命，亦一成语。永言配命，犹云永我畀命，非我长配天命之谓也。《思齐》云：不显亦临，无射亦保。《传》云：以显临之，保安无厌也。《笺》云：临，视也。保，犹居也。文王之在辟雍也，有贤才之质而不明者，亦得观于礼；于六艺无射才者，亦得居于位。说尤迂曲。案《毛公鼎》云：肆皇天无射，临保我有周。《师訇敦》云：肆皇帝无斁，临保我有周。则临犹保也。《大明》云：上帝临女。《云汉》云：上帝不临。上帝不临，犹《书·多士》云上帝不保也。然则《诗·思齐》盖临保互文。又知上云雝雝在宫，肃肃在庙，亦宫庙互文，非辟雍宫之谓也。《卷阿》云：俾尔弥尔性。《传》云：弥，终也。案《龙姞敦》云：用蕲眉青，绾绰永命。弥厥生。《齐子仲姜镈》云：用求考命弥生。是弥性即弥生，犹言永命矣。《韩奕》：干不庭方。《传》云：庭，直也。《笺》云：当与不直违失法度之方作贞干。案《毛公鼎》云：率怀不廷方。《左·隐十年传》：以王命讨不庭。则不庭方谓不朝之国，非不直之谓也。《江汉》云：肇敏戎公。《传》云：戎，大也。公，事也。《笺》云：戎，犹女也。案《不娶敦》云：女肇诲于戎工。《虢季子白盘》云：庸武于戎工。皆谓兵事，训大训汝皆失之。《商颂·殷武》云：天命降临下民有严。《传》云：严，敬也。《笺》云：天乃下视下民有严明之君。案有严一语，古人多以之斥神祇祖考。《齐侯镈钟》云：虩虩成唐，有严在帝所。《宗周钟》云：先生其严在上，熊熊丰𪔛𪔛，降余多福。《虢叔旅钟》云：皇考严在上，翼在下。《番生敦》云：不显皇祖考严在上，广启厥孙子于下。是天命降监下民有严者。意谓天命有严，降监下民，句或倒者，以就韵耳。《笺》以为下视下民有严明之君者失之。又《康诰》：要囚服念五六日，至于旬时，丕蔽要囚。《多方》：要囚殄戮多罪。又：我惟时其战要囚之。《传》云：要囚，谓察其要辞以断狱。案要囚即幽囚，古要幽同音。《诗·豳风》：四月秀葽。《夏小正》作四月秀幽。《楚辞·湘君》《远游》之要眇，《韩非子》（七）之要妙，亦即幽眇、幽妙也。《传》以察要辞者失之。如《书·君奭》云：在让后人于丕时。《诗·大雅》云：帝命不时。《周颂》云：哀时之对。丕时、不时、哀时，当是一语。《洛诰》云：叙弗其绝厥若。《立政》云：我其克灼知厥若。《康王之诰》云：用奉恤厥若。厥若亦当是成语。此等成语，无不有相沿之意义在，今日固无以知之，学者姑从盖阙可矣。

滥用经文假借之例

自戴东原（震）力主小学训诂为经学的基本功以来，到了他门下的段（玉裁）、王（念孙）二位大师，奉行之甚笃。彼此相互也以是见推。王念孙为段玉裁作《说文解字注序》说：

声音之道大明，而训诂之道大明，训诂声音明而小学以明，小学明而经学明，盖千七百年来无此作矣。

段玉裁为王念孙《广雅疏证》写序说：

（王念孙）能以古音得经义，盖天下一人而矣！

王氏父子《经义述闻》专附《通说》两卷五十三条，特立《经文假借》一目，辩博甚矣！后儒袭其成说，矜奇炫博，亦颇随意滥用。章炳麟《俞先生传》谈俞樾说经依王氏律令，五岁成《群经平议》，以续《述闻》；又规《杂志》，作《诸子平议》。章炳麟认为俞氏治经不如《述闻》，及到后来写《曲园杂纂》之类，更不免滥用王氏条例。今举《曲园杂纂》一例，以资平议。《曲园杂纂》卷十七《读韩诗外传》载：《韩诗外传》卷一「故君子桥褐趋时，当务为急」。程荣《汉魏丛书》本、胡文焕《格致丛书》本、唐琳快阁藏书本，「桥」皆作「娇」。元本、苏献可通津草堂本、沈辨之野竹斋本、薛来芙蓉泉书屋本、毛晋汲古阁《津逮秘书》本皆作「桥」，赵怀玉校注本亦作「桥」，云：「桥，或作娇。」周廷寀校注本作「娇」，云：

娇字疑误，当为蹑跻担簦之跻，跻。草履也。

俞樾云：

桥、娇并为假字，周疑为跻，非也。娇褐乃双声连语，即《文选·射雉赋》之揭骄，语有倒顺耳。《射雉赋》云：眄箱笼以揭骄，睨骁媒之变态。徐爰注曰：揭骄，志意肆也。又曰：《楚辞》揭骄字作拮娇。善曰：《楚辞》曰：意恣睢以拮娇。今案：揭骄盖有急欲赴之之意，故《射雉赋》用之。其下云：郁轩翥以馀怒，思长鸣以效能。正其义也。此云娇褐趋时。娇褐之与揭骄，声异而义同，亦犹《楚辞》之为拮娇，古义存乎声，不泥其形也。

以上是俞樾说。

今案：《庄子·天下篇》：『使后世之墨者，多以裘褐为衣，以跂蹻为服，日夜不休，以自苦为极。』正以蹻与褐并言，则周氏读矫为蹻，是也。蹑蹻担簦，《史记·平原虞卿列传》文，蹻、桥、矫，皆借为屩字。《说文》：『屩，屐也。』盖贫士所著。屩褐趋时，即上文『家贫亲老者不择官而仕』之意，此成语源于《庄子》，俞氏颠倒文词，附会《射雉赋》与《楚辞·远游》，不免把王氏《经文假借》的条例滥用。

孔子集大成

《孟子·万章上》称孔子为『集大成』的圣人。『集大成』是个音乐的概念。一场复杂的合乐，丝竹管弦，金声玉振，无不会合，按急骤抑扬，高低抗坠，演奏成功了，谓之有成。孔子集大成，这就意味着在他的思想上，在他的学术上，会集了许多东西，而这些东西综合在一起，却又都是十分和谐的。他被圣化了，好像他是天生圣哲，不需要从别人那里吸取什么。『集大成』这个称号与圣化便不相容。司马迁在《孔子世家》和《老子列传》里，两处都记载孔子曾问礼于老子。韩愈说：

> 圣人无常师，孔子师郯子、苌弘、师襄、老聃，郯子之徒，其贤不及孔子。孔子曰，三人行，则必有我师。《师说》

这两位敢提出孔子之师来，算是有胆有识的伟人了。

孔子的那部类乎自述传记之书《论语》，它的写成在鲁悼公以后（前四百二十八以后），时间已进入战国

（说见章炳麟《春秋左传答问》卷一）。《老子》一书当已流传。孔、老之间，不仅仅是问问礼而已，老子的一些思想，已影响到了孔子。《老子》三十八章说：

故失道而后德，失德而后仁，失仁而后义，失义而后礼。夫礼者，忠信之薄，而乱之首。

《礼记·礼器》：

君子曰，甘受和，白受采，忠信之人，可以学礼。苟无忠信之人，则礼不虚道。是以得其人之为贵也。

这两段话之间，难道能说没有关系吗？我颇为怀疑《礼器》里面所引的「君子曰」，便可能是老子之语。如果说《小戴礼记》出于孔门后学，那么，《论语·八佾》篇即有这样的记载：

子夏问曰：巧笑倩兮，美目盼兮，素以为绚兮，何谓也？子曰：绘事后素。曰：礼后乎？子曰：起予者商也，始可与言诗已矣。

这段话的意思，完全同《礼器》一样。所谓「绘事后素」，谓绘彩的加工，应该放在素色之后进行，也即《礼器》「白受采」的意思。郑玄、朱熹诸人不解，认为素最后成色，实为颠倒了！「忠信之人可以学礼」「礼后」这些概念，不是完全可以说明孔子接受了老子的影响吗？孔子问礼于老子的记载，确是太史公的信史。

在孔子那个时代，影响很大的有《孙子》十三篇。有人说：孔子自己讲：「军旅之事，未之学也。」（《论语·卫灵公》）他肯定是不看《孙子》的。这个话不确切。像卫灵公那样的统治者，孔子只能答复没有学过。「子之所慎斋战疾。」（《论语·述而》）他是最重视战争的，怎么不学军旅之事？又怎么不可能去读《孙子》

呢？《孙子·军争》篇说：『三军可夺气，将军可夺心。』《论语·子罕》篇即有『三军可夺帅也』，同样的语言，能说孔子没有看过《孙子》一类书吗？《孙子·谋攻》篇的『知彼知己，百战不殆』是兵法中有名的语言。《论语·里仁》载：

子曰：参乎！吾道一以贯之。曾子曰：唯！子出，门人问曰：何谓也？曾子曰：夫子之道，忠恕而已矣。

谈忠恕这两个字，对曾参这样慎重，进一步推：忠不就是知己吗？恕不就是知彼吗？研究孔学的，似乎没有人从当时的思想学术去理解孔子与时代的关系。所谓『集大成』，所谓『圣之时』，应该像司马迁、韩愈一样，找一找孔子所从学习的老师罢。

廖平谈蜀学

廖平《经话》云：

予创为今古二派，以复西京之旧。欲集同人之力，统著《十八经注疏》（今文：《尚书》《齐诗》《鲁诗》《韩诗》《戴礼》《仪礼记》《公羊》《穀梁》《孝经》《论语》；古文：《尚书》《周官》《毛诗》《左传》《仪礼经》《孝经》《论语》《戴礼》。《易》学不在此数），以成蜀学。见成《穀梁》一种，然心志有馀，时事难就，是以初成一经而止。因旧欲约友人分经合作，故先作《十八经注疏凡例》，既以相约同志，并以求正高明，特多未定之说，一俟纂述，当再加商订也（昔陈奂、陈立、刘宝楠、胡培翚诸人，在金陵贡院中，分约治诸经疏，今皆成书，予之所约，则并欲作注耳）。

廖平所提出的《十八经注疏》计划，称为蜀学。他是想用西京家法，统治蜀中经学。这种打算，不免是空想。他著的《重订穀梁春秋古义疏》十一卷，《外篇叙目》一卷，《释范》一卷，《起废疾》一卷，渭南严氏刻本，已算有了很大的收获。章炳麟的《清故龙安府学教授廖君墓志铭》说：

余闻庄生有言：圣人之所以诫世，神人未尝过而问焉。次及贤人、君子，亦递如是。余学不敢方君子，君之言殆超神人过之矣，安能以片辞褒述哉！

廖平欲用他的西京家法，蔚成蜀学，所遇的困难，正如章炳麟此文所描写的一样。蜀学是不会把经学和神学搅在一起的。经学只能实事求是，不可能有什么惊世骇俗的蜀学。

陈寿祺谈《经郛》

经学资料如何荟萃收拾，从义疏到理解，已有不少整理经验。曾主持编辑《经籍纂诂》，后来又汇刻《清经解》一千八百零四卷的阮元，想到过汇集群经经说，以成《经郛》。这件事虽未成，但可以启发后人对于这方面的设想。今据陈寿祺《左海文集》录写《上仪征阮夫子请定〈经郛〉义例书》于此，以供考虑：

弟子寿祺顿首：侍郎夫子阁下：

乃者仰蒙善诱，俯启梼昧，将于九经传注之外，裒集古说，令寿祺与高材生共纂成之。盛哉乎夫子！嘉惠学者之心乎！

寿祺闻王符有言曰：圣人天之口，贤人圣之译。粤自明孟幽幼，诰志。闻诸虞史，初哉首基，释诂肇于姬旦；冠昏聘射之记，每附奄中之经；沈鲁司马之言，博存饼家之传。辩章旧闻，采缀漏逸。五经萌牙，译圣者远矣。何论游夏既往，嬴刘递嬗，《诗》之分为四，《春秋》之分为五哉！汉代经师，恪守家法，专门命氏，显于儒林。精习师传，则独推张禹；不依章句，则见诋徐防。而王吉兼经，能为驺氏；贾逵好古，并通五家。何则？五经剖判，去圣弥远；方语不同，传写遂错。贤者识大，不贤识小。仁者见仁，智者见智。将以扶微学，广异义，与其过而废之也，宁过而存之。奚必移子骏之书，轻毁执政；会范升之议，争及日中哉！且夫说详反约者，学问之枢辖；统同辨异者，礼乐之章条。《易》曰：君子学以聚之。又曰：观其所聚，而天地万物之情可见矣。善夫鲁丕之上疏曰：说经者传先师之言，非从己出。难者必明其据，说者务立其义。法异者各令自说师法，博观异义。盖守一先生之言，而不敢杂，此经生之分也；总群师之言，稽合异同，而不偏废，此通儒之识也。是故西京《石渠议奏》，诸儒说难，悉用标名，延世绵邈，瞭如指掌。惜东都《白虎通义》，不复遵其旧章。独许祭酒、郑司农述先圣之本意，整百家之不齐，其所撰著，皆先引诸说，次下己意，异乎党同妒真，专己守残者焉。

今就两大儒之书复按之，许君《五经异义》，今学古学，粲然眉列；日祭月荐，征叔孙通；祝延帝尸，援鲁郊礼。自施、孟、京房、甘、容、欧阳、夏侯、董仲舒、尹更始、刘更生、韦玄成、匡衡、二戴、禹贡、眭生、淳于登、陈钦、贾逵之伦，靡不捃摭菁华，刊裁臧否。《说文解字》称《易》孟氏、《书》孔氏、《诗》毛氏、《礼》周官、《春秋》左氏、《论语》《孝经》皆古文也。然如贞从鼎省，兼录京房；江之羕矣，别胪韩氏。嵎铁旸谷，经异壁中；玉粲璪猛，句搜《逸论》。《礼》收羊芊之今文，《书》载褎毛之或字。洵所谓博问通人，允而有证，解缪误，达神旨者也。

郑君先事京兆第五君，通《京氏易》《公羊春秋》，又从同郡张恭祖受《周官》《礼记》《左氏春秋》《韩诗》《古文尚书》，西入关，又因涿郡卢植事扶风马融。其答炅模问解《诗》之义，云：为《记》注时，就卢君耳。先师亦然，后乃得《毛公传》，古书义又当然，《记》注已行，不复改之。故郑君《礼》注引经，多与本书差互。刑剧睇于，乃京《易》之同费；柳穀育子，即伏《书》之异孔。以及朱绡被绮，袪李送车。《燕燕》作于哀姜，《崧高》生夫山甫。竹秘翟蔽之殊文，禹陈汤跻之异读。依循三家，迥别毛故。若其本经诠释，亦不曲拘一师。阮徂供为三国之名，厉王后有《十月》之刺。虽云笺毛，间乃从鲁。孟侯采济南之训，《礼目》参信都之第。《周官》则故书特存，《仪礼》则今文不废。《论语》读正齐鲁，《公羊》本异严颜。二郑同宗，既赞辩其雅达；南郡本师，亦弥缝其参错。盖有成兰而谢青，固无是丹而非素。至于河洛纬候，不嫌读谶；墨守废疾，并附箴肓。洵所谓网罗众家，囊括大典，礼堂写定，学者知归者也。

典午以后，家法渐改，途径方岐。古学飙流，犹在河洛。唐儒孔贾诸经疏义，证发注家，近为敷畅。但恨杜、王伪孔，宗主不明。汉魏遗书，遂致散佚。其他依违首鼠，茫昧焉乌，疏漏尚多，良可嗟喟。

今海内嗜古之士，陶化染学，其风世笃，深愍废坠，竞事蒐讨，群经佚注，具辑成书。吾师所修《经籍纂诂》百有六卷，考训故，赅音读，六艺群书，所载备矣。然而微言大义，散见经传。升岳浮海，胥达津梁。食鸡跖者，必取其千；说羊尾者，莫分为二。苟非比以义类，观其会通，则驷牡沿讹，牺尊失据。斥荄兹为巧慧，訾柳卯为乖违。徒烦稽古之三万言，孰订明粢之十二证？

窃谓仲尼二学，祖述尧舜；孟子明事，称之博文。以经注经，折衷之本。造车合辙，此为椎轮。爰自周素，下逮南北，传注而外，众说如林。宗经述圣，旁出于史。虽体归文翰，而义傅典坟。或依经以辩理，或错经以合异，或征经以证事，或约经以就意，或析经以断章，或综经以通贯，或裒经以互存，或牵经以旁涉。古训相承，师道未丧。诚六籍之钤键，嘉论之林薮，类而集之，依经条次。以周孔及七十子之徒所说为传训权舆，以诸子百家为经典羽翼，以诸史志传为文义渊海，用以申许、郑之闳眇，补孔、贾之阙遗。细大不捐，得失咸著，杂而不越，直而勿有。如其别白一尊，俟自得之。《说文》与《尔雅》相为表里，其中所列异文，虽省书名，半居经字。凡所甄录，尤宜该洽。若乃二京讲经之奏，六朝议礼之篇，纲举目张，引申联系。体既鸿综，非可破碎。宜放刘向、班固之书，别为通义；取扬子《法言》之语，总名「经郛」。庶几探赜索隐，拾遗补艺，汇九流之支裔，发文囿之根叶。一卷所习，无误于立师；五学不坠，犹痛于求野。

寿祺粗涉艺林，曾微强识。向者岁在著雍敦牂，养素家衖，亦尝稍事缀辑，取便浏览。人事牵迫，废焉不修。伏惟夫子天下模楷，殿中无双。莅越八年，文武为宪。方面静息，旧文修理。倡明经业，宏奖气类。寿祺幸得陪奉鼓箧，优游湖山。亲聆叩钟，俾通窥牖。远惭司马，传教蜀人；俯效临硕，预论《周礼》。蛾子时术，敢撮壤于崇山；驽马十驾，冀驱尘于策彗。谨依拟条例，撰略呈览。蕲加摫鋠，以就准绳。或令诸生相为参酌，亦可补苴云。寿祺顿首顿首。

这是陈寿祺十分卖力写的一篇佳作。《经郛》是个什么样子的书，大体已可想像。此信后附《经郛条例》，先举十大端，然后厘为二十四条。资料如何撷取，体例形式如何确定，讲得甚为详明。这是阮元没有着手整理的一项经学资料工作，总望能引起经学研究者的注意。